ooohhh **Pesto**

25

Leckere Pestorezepte

ooohhh Pesto

Abkürzungen und Maßeinheiten:

MSP	=	Messerspitze
TL	=	Teelöffel
EL	=	Esslöffel
ml	=	Milliliter
cl	=	Centiliter = 10 Milliliter
l	=	Liter
g	=	Gramm

Herstellung und Verlag: BoD-Books on Demand, Norderstedt

ISBN: 9783734765780

oooohhh Pesto

Liebe Pestofreundin! Lieber Pestofreund!

Wer sagt, dass Pesto immer grün sein muss ?

Pesto (von italienisch *pestare*, „zerstampfen") ist eine meist ungekochte Soße, die in der italienischen Küche oft zu Nudeln gereicht wird, aber es gibt noch sehr viel mehr Möglichkeiten.

Sie können Pesto das ganze Jahr aus Obst, Gemüse und Kräutern herstellen und damit jedes Gericht, ob warm oder kalt, pfiffig aufwerten und so Familie und Gäste begeistern.

Für alle unsere Rezepte haben wir ausschließlich frische Produkte aus dem Garten oder vom Markt verwendet.

Während die italienische Köchin zum Zerstampfen der Kräuter noch den Mörser verwendete, haben wir alle Rezepte mit dem Pürierstab zubereitet und damit sehr gute Erfahrungen gemacht. Durch die Dauer des Pürierens bestimmen Sie die Konsistenz des Pestos – je länger desto feiner. Sie sollten aber nicht zu lange auf einmal mixen, sondern mehrmals kurz, mit kleinen Pausen dazwischen, damit das eine oder andere Pesto nicht evtl. bitter oder zu warm wird.
Sämtliche Pestos wurden aus frischen Zutaten und ohne Konservierungsstoffe zubereitet und sind daher grundsätzlich zum baldigen Verzehr gedacht. Sollte jedoch einmal ein Rest übrig bleiben, können Sie ihn im Kühlschrank in einem geschlossenen Glas ca. 1–2 Wochen aufbewahren. Achten Sie dabei bitte darauf, dass das Glas sauber, und das Pesto komplett mit Öl bedeckt ist.
Pesto lässt sich auch gut einfrieren. Praktisch sind dafür Eiswürfelbeutel, so können Sie das Pesto portionsweise wieder auftauen.

Also, viel Spaß mit der neuen Abwechslung in Ihrer Küche und viel Freude beim Nachkochen.

oooohhh Pesto

Rezeptverzeichnis:

Zwiebelpesto

1	Zwiebel
1	rote Zwiebel
1	Schalotte
ca. 50 g	Meerrettich
30 g	Sonnenblumenkerne
20 g	Pecorino
5 cl	Sonnenblumenöl

etwas Kochwasser

Salz

Pfeffer aus der Mühle

Olivenöl zum Andünsten

Die Zwiebeln und Schalotte schälen und in Würfel schneiden (zusammen ca. 150 g). Mit Olivenöl in einer Pfanne glasig andünsten und abkühlen lassen.

Den Meerrettich schälen, putzen, in kleine Würfel schneiden und 10 min in Salzwasser kochen. Die Meerrettichwürfel abgießen und dabei das Wasser auffangen. Beides abkühlen lassen.

Die Sonnenblumenkerne ohne Öl in einer Pfanne anrösten und abkühlen lassen.

Den Käse fein reiben.

Zwiebeln, Meerrettich und Sonnenblumenkerne in einem hohen Gefäß kräftig mit einem Zauberstab pürieren.

Sonnenblumenöl und Pecorino dazugeben, mit Salz und Pfeffer würzen und noch einmal durchrühren.

Je nach gewünschter Konsistenz ein paar Löffel vom aufgefangenen Meerrettichkochwasser dazugeben.

Passt gut zu:
- gegrilltem Fleisch
- gebratenem Gemüse
. . .

Tipp: Seien Sie mit dem Meerrettich etwas vorsichtig. Wenn er sehr scharf ist geben Sie ihn lieber portionsweise dazu und schmecken zwischendurch immer wieder ab.

Rote Betepesto

300 g	Rote Bete (roh)
20 g	Pinienkerne
5 g	Zitronenthymian-blätter
1 TL	(gestrichen) Fleur de Sel mit mediteranen Kräutern
1	Zitrone (unbehandelt)
1	kleine Chilischote
1-2 cl	roter Balsamiko-essig
25 g	Parmesan
6 cl	Olivenöl
1 TL	Cumin
	Salz

Die Rote Bete waschen und je nach Größe 15-20 min in Salzwasser mit Cumin kochen, abgießen und abkühlen lassen.

Zitronenthymian waschen und die Blättchen von den Stielen zupfen.

Die Zitrone gründlich waschen und abtrocknen, das Gelbe der Schale fein abreiben und den Saft auspressen.

Die Chilischote waschen, der Länge nach halbieren, entkernen, und in kleine Stücke schneiden.

Die Pinienkerne ohne Öl langsam in einer Pfanne rösten und abkühlen lassen.

Die Rote Bete grob zerkleinern und zusammen mit Saft und Abrieb der Zitrone, Thymianblättchen, Chilischote und Olivenöl in einem hohen Gefäß mit einem Zauberstab pürieren. Den frisch geriebenen Parmesan, Salz und Balsamico dazugeben und nochmal durchmixen.

Passt gut zu:
- gekochten Eiern
- oder als Brotaufstrich
. . .

Tipp: Man kann auch vorgegarte Rote Bete verwenden, die im Supermarkt angeboten werden. Dann entfällt natürlich das Kochen am Anfang. (Ist aber nicht ganz so geschmackvoll.)

ooohhh **Pesto**

Barbequepesto

2	rote Zwiebeln
4	Knoblauchzehen
40 g	Cashewkerne
80 g	grüne Zucchini
80 g	gelbe Zucchini
1	große Tomate
2	Spitzpaprika
1	Limette (unbehandelt)
4 cl	Olivenöl
1 TL	Wasabipaste
1 TL	Rauchsalz (gehäuft)
1 TL	Zitronenpfeffer

Die Cashewkerne ohne Öl in einer Pfanne rösten.

Zwiebeln und Knoblauch schälen, in Würfel schneiden und in etwas Öl glasig andünsten.

Die Haut der Tomaten kreuzförmig einritzen und ca. 10 sec in kochendem Wasser blanchieren. Jetzt die Tomaten häuten, anschließend vierteln und dabei den Stielansatz und die Kerne entfernen.

Paprika und Zucchini waschen, putzen und grob zerkleinern.

Die Limette gründlich waschen und abtrocknen, das Grüne der Schale fein abreiben und den Saft auspressen.

Zucchini, Tomate, Spitzpaprika, Zwiebeln und Knoblauch sowie Cashewkerne in einem hohen Gefäß kräftig mit einem Zauberstab pürieren.

Dann Olivenöl, Saft und Abrieb der Limette, Wasabipaste, Rauchsalz und Zitronenpfeffer zugeben und nochmals pürieren.

Passt gut zu:

- gegrilltem Fleisch

- gebratenem Gemüse

. . .

Tipp: Wenn Sie kein Rauchsalz bekommen geht es auch mit normalem
Salz, aber der besondere Pfiff entsteht durch den Rauchgeschmack.

Kakipesto

1	Kaki
30 g	Cashewkerne
1	Zitrone (unbehandelt)
4 cl	Rapsöl
	Safran

Die Kaki schälen und 100 g klein schneiden.

Die Cashewkerne in einer Pfanne ohne Öl rösten und abkühlen lassen.

Die Zitrone gründlich waschen und abtrocknen, das Gelbe der Schale fein abreiben und den Saft auspressen.

Ein paar Fäden Safran in einem Esslöffel warmen Wasser einweichen.

Kaki, Cashewkerne, Saft und Abrieb der Zitrone, Safran mit Wasser und Rapsöl in einem hohen Gefäß kräftig mit einem Zauberstab pürieren.

Evtl. mit etwas Honig abschmecken.

Tipp: Mit etwas Schärfe und ohne Honig schmeckt es auch gut zu Fisch.

Passt gut zu:
- Pfannkuchen
- Käseplatte
. . .

oooohhh Pesto

Avocadopesto

2	mittlere Haßavocado
1	rote Zwiebel
35 g	Sonnenblumenkerne
6 cl	Olivenöl
2 EL	Kräuter der Provence
2	halbe getrocknete Tomaten

Salz und Pfeffer aus der Mühle

etwas Öl zum andünsten

Die Sonnenblumenkerne in einer Pfanne ohne Öl anrösten. Abkühlen lassen.
Die getrockneten Tomaten fein schneiden.
Die Avocado halbieren, die Kerne entfernen und das Fruchtfleisch mit einem Löffel aus der Schale lösen.
Die Zwiebel schälen, klein würfeln und in etwas Olivenöl in einer Pfanne glasig andünsten.
Avocado, Sonnenblumenkerne, Zwiebel, getrocknete Tomate, die Kräuter und das Olivenöl in einem hohen Gefäß kräftig mit einem Zauberstab pürieren.
Mit Salz und Pfeffer abschmecken und nochmals kurz durchmixen.

Tipp: Sie können auch die grünen Avocado verwenden, die sind aber nicht ganz so geschmackvoll.

Passt gut zu:
- Fisch
- Tomatensalat
. . .

ooohhh Pesto

Preißelbeerpesto

200 g	frische Preißelbeeren
1	Pfirsich
30 g	Cashewkerne
1	Chilischote
15	Minzblätter
6 cl	Traubenkernöl
20 g	Pecorino
15 g	getrocknete Cranberries
1	Zitrone (unbehandelt)
1 EL	Sesamöl
1 MSP	Meersalz
1 MSP	Zitronenpfeffer

Die Preißelbeeren gut waschen. Den Pfirsich kurz blanchieren, halbieren und den Kern entfernen. Die Haut abziehen und das Frucht-fleisch grob zerkleinern.

Die Chilischote waschen, putzen, der Länge nach halbieren, entkernen und grob zer-kleinern.

Die Minzblätter von den Stielen zupfen und gut waschen.

Den Pecorino fein reiben.

Die Zitrone gründlich waschen und ab-trocknen, das Gelbe der Schale fein abreiben und den Saft auspressen.

Preißelbeeren, Cashewkerne, Minzblätter, Cranberries, Pfirsich, Chili und Trauben-kernöl in einem hohen Gefäß mit einem Zauberstab pürieren.

Im nächsten Schritt Saft und Abrieb der Zitrone, Sesamöl, Pecorino, Salz und Zitronenpfeffer zugeben und noch einmal mixen.

Passt gut zu:
- Fasan
- kaltem Braten
. . .

Tipp: Die süßen Preißelbeeren aus dem Glas sollten Sie für dieses Rezept nicht verwenden.

ooohhh Pesto

A u b e r g i n e n p e s t o

1	Aubergine
1	Limette
30 g	Cashewkerne
2	rote Zwiebeln
3-4	Knoblauchzehen
1	Chilischote
8 cl	Olivenöl
1 TL	Salz
20 g	Pecorino
Pfeffer aus der Mühle	
etwas Öl zum Andünsten	

Die Aubergine in Alufolie wickeln und ca. 50 min bei 200°C im Backofen garen, anschließend abkühlen lassen. Die Aubergine halbieren und mit einem Esslöffel das Fruchtfleisch aus der Schale kratzen.

Die Limette gründlich waschen und abtrocknen, das Grüne der Schale fein abreiben und den Saft auspressen.

Die Cashewkerne ohne Öl in einer Pfanne rösten.

Knoblauch und Zwiebeln schälen, würfeln und in etwas Öl glasig dünsten.

Die Chilischote der Länge nach halbieren, entkernen, waschen, putzen und in Stücke schneiden. Den Pecorino fein reiben.

Das Fruchtfleisch der Aubergine, Cashewkerne, Zwiebeln, Knoblauch, Chilischote und Olivenöl in einem hohen Gefäß kräftig mit einem Zauberstab pürieren. Jetzt den Pecorino, Saft und Schale der Limette und Salz und Pfeffer zugeben und

Passt gut zu:
- gegrilltem Fisch
- zu Reis,Nudeln
. . .

Tipp: Die Aubergine „schluckt" mit der Zeit sehr viel Öl und Gewürze. Wenn Sie das Pesto nicht gleich verwenden, müssen Sie evtl. vor dem Servieren noch einmal nachwürzen.

oooh**h Pesto**

Honigmelonenpesto

250 g	Honigmelone
60 g	getrocknete Cranberries
1	Limette (unbehandelt)
25 g	Pinienkerne
1	kleine Chilischote
10-12	Minzblätter
40 g	junger Gouda
1 TL	Kürbiskernöl
1 MSP	Meersalz
Pfeffer aus der Mühle	

Die Pinienkerne ohne Öl langsam in einer Pfanne rösten.

Die Melone halbieren, entkernen und gut schälen. 250 g Fruchtfleisch abwiegen und in Stücke schneiden.

Die Limette gründlich waschen und abtrocknen, das Grüne der Schale fein abreiben und den Saft auspressen.

Die Chilischote waschen, putzen, der Länge nach halbieren, entkernen und grob zerkleinern.

Die Minzblätter vom Stiel zupfen und gut waschen.

Den Gouda fein reiben.

Melone, Cranberries, Pinienkerne, Chili und Minzblätter in einem hohen Gefäß mit einem Zauberstab pürieren.

Jetzt den geriebenen Gouda, Saft und Abrieb der Limette, Kürbiskernöl und Salz zugeben. Nochmal alles durchmengen und mit frisch gemahlenem Pfeffer abschmecken.

Passt gut zu:
- Wild
- Kalbsbraten
. . .

Tipp: Ohne Käse und evtl. weniger Schärfe schmeckt es auch zu süßen Crepes sehr gut.

Tipp: Sie können auch andere Sorten, z.B. Galiamelone verwenden. Wassermelone ist sehr wässrig und deshalb nicht so geeignet.

ooohhh Pesto

Mangopesto

150 g	Mango
100 g	Orangenfilets
100 g	rosa Pampelmuse
80 g	Pfirsich
1	Limette (unbehandelt)
40 g	Macadamianuss-kerne
4 cl	Sonnenblumenöl
20 g	Ingwer
10	Blätter Schokoladenminze
1 MSP	Wasabipaste
1 MSP	Meersalz
1 MSP	Orangenpfeffer

Die Orange und die Pampelmuse mit einem scharfen Messer so schälen, dass die weiße Haut mit entfernt wird, anschließend die Fruchtfilets herausschneiden.
Die Mango und den Pfirsich schälen und vom Kern befreien. Erst jetzt alles abwiegen.
Die Minzblätter waschen und vom Stiel zupfen.
Die Limette gründlich waschen und abtrocknen, das Grüne der Schale fein abreiben und den Saft auspressen.
Den Ingwer schälen und fein reiben.
Die Früchte, Macadamianüsse, Minzblätter und Sonnenblumenöl in einem hohen Gefäß kräftig mit einem Zauberstab pürieren. Dann Saft und Abrieb der Limette, Wasabipaste, Ingwer, Salz und Orangenpfeffer dazugeben und nochmals vermengen.

Tipp: Das Obst kann man nach Geschmack variieren aber Vorsicht: Apfel und Birne werden schnell braun, rohe Ananas wird bitter.

Passt gut zu:
- Putengeschnetzeltem
- gebratenen Garnelen
. . .

oooh**h Pesto**

Pfifferlingpesto

250 g	Pfifferlinge
½	Limette
2	Schalotten
1	kleine Chilischote
1	Knoblauchzehe
10 g	Petersilie
20 g	Paranüsse
10 cl	Sonnenblumenöl
20 g	Parmesan
1 MSP	Meersalz
½ TL	Zitronenpfeffer

Die Pfifferlinge gut putzen und 2 min in Salzwasser blanchieren, abgießen und abkühlen lassen.

Die Schalotten schälen, würfeln und in wenig Olivenöl glasig andünsten, abkühlen lassen.

Die Chilischote waschen, putzen, der Länge nach halbieren, entkernen und grob zerkleinern. Die Knoblauchzehe schälen, die Petersilie waschen und die Blätter von den Stielen zupfen. Die Paranüsse von der braunen Haut befreien und klein hacken. Den Parmesan fein reiben, die ½ Limette auspressen.

Pfifferlinge, mit Schalotten, Chili, Petersilie, Paranüssen, Sonnenblumenöl und Limettensaft in einem hohen Gefäß mit einem Zauberstab pürieren.

Anschließend Parmesan, Meersalz und Zitronen-pfeffer zugeben und noch einmal durchrühren.

Passt gut zu:
- Pasta
- Steak

. . .

Tipp: Die Pfifferlinge brauchen Sie nicht zu waschen, was nach dem Putzen noch an Schmutz da ist wäscht sich beim Blanchieren ab.

oookkk Pesto

Olivenpesto

150 g	dunkle Oliven (entkernt)
6 cl	Olivenöl
1	Limette
20 g	Pinienkerne
8-10	Minzblätter
20 g	Parmesan
1 MSP	Meersalz
	Cayennepfeffer

Die Pinienkerne ohne Öl in einer Pfanne rösten und auskühlen lassen.
Die Limette auspressen.
Die Minzblätter waschen und vom Stiel entfernen.

Oliven, Pinienkerne, Olivenöl und Minzblätter, sowie den Limettensaft in einem hohen Gefäß mit einem Zauberstab pürieren.
Den frisch geriebenen Parmesan und das Salz hinzufügen. Nach Geschmack mit Cayenne-pfeffer würzen und alles noch einmal kräftig durchmischen.

Tipp:
Wenn Sie nur ganze Oliven bekommen, müssen diese entkernt werden. Achten Sie dann darauf, dass die Gewichtsangabe nur das Fruchtfleisch beinhaltet.

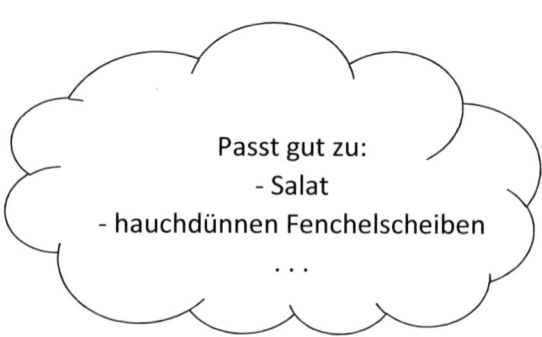

Passt gut zu:
- Salat
- hauchdünnen Fenchelscheiben
. . .

Kürbispesto

300 g	Hokaidokürbis
2	rote Zwiebeln
1	Zitrone (unbehandelt)
2	Knoblauchzehen
1	Chilischote
40 g	Kürbiskerne
4 cl	Kürbiskernöl
4 cl	Sonnenblumenöl
1/8 l	Kürbiswasser
½ TL	Curry
Salz und Pfeffer aus der Mühle	
etwas Öl zum Anbraten	

Den Kürbis waschen, halbieren, die Kerne herausschälen und das Fruchtfleisch grob würfeln. In Salzwasser ca. 10 – 12 min kochen. Den Kürbis mit dem Schaumlöffel heraus nehmen und abkühlen lassen, das Kochwasser aufheben.

Die Zwiebeln und Knoblauchzehen schälen, würfeln und in etwas Öl andünsten. Abkühlen lassen.

Die Kürbiskerne ohne Öl in einer Pfanne anrösten und auch abkühlen lassen.

Die Zitrone gründlich waschen und abtrocknen, das Gelbe der Schale fein abreiben und den Saft auspressen. Die Chilischote der Länge nach halbieren, entkernen, waschen, putzen und in Stücke schneiden.

Kürbis, Zwiebeln, Knoblauch, Kürbiskerne, Chili, Sonnenblumenöl und Kürbiskernöl in einem hohen Gefäß mit einem Zauberstab pürieren.

Saft und Abrieb der Zitrone hinzufügen und mit Salz und Pfeffer würzen.
Jetzt je nach gewünschter Konsistenz Kürbiskochwasser hinzufügen und unterrühren. Noch einmal Abschmecken und nach Gusto würzen.

Tipp: Möchten Sie das Pesto als Brotaufstrich verwenden, sollten Sie mit der Zugabe des Kürbiswassers etwas vorsichtig sein.

Passt gut zu:
- Geflügelrollbraten
- oder als Brotaufstrich
. . .

ooohhh Pesto

Pflücksalatpesto

200 g	Pflücksalat
8 cl	Sonnenblumenöl
20 g	Pinienkerne
30 g	Parmesan
½ Tl	Rohrzucker
1	Zitrone (unbehandelt)
5 g	Meersalz
	Schwarzer Pfeffer aus der Mühle

Den Pflücksalat waschen und putzen, bei Bedarf den Strunk entfernen.

Die Pinienkerne ohne Öl in einer Pfanne anrösten.

Den Parmesan frisch reiben.

Die Zitrone gründlich waschen und abtrocknen, das Gelbe der Schale fein abreiben oder schälen.

Salat, Sonnenblumenöl, Pinienkerne, Zucker und Gewürze in einem hohen Gefäß kräftig mit einem Zauberstab pürieren.

Parmesan und Zitronenschale dazu geben und nochmals gut vermengen.

Tipp: Funktioniert auch gut mit Kopfsalat oder anderen Blattsalaten.

Passt gut zu:
- Rindersteak
- Pasteten
. . .

ooohhh Pesto

Zuckerschotenpesto

80 g	Zuckerschoten
40 g	junger Gauda
1	Chilischote
10 g	Ananassalbei
15 g	Pistazien
1	Knoblauchzehe
6 cl	Rapsöl
1	unbehandelte Limette
1 MSP	Fleur de Sel
1 MSP	Zitronenpfeffer

Die Zuckerschoten putzen und 2 min in kochendem Wasser blanchieren, abgießen und anschließend in Eiswasser abschrecken.

Die Chilischote der Länge nach halbieren, entkernen, waschen, putzen und in Stücke schneiden. Den Ananassalbei waschen und die Blätter vom Stiel zupfen.

Die Knoblauchzehe schälen.

Die Limette gründlich waschen und abtrocknen, das Grüne der Schale fein abreiben und den Saft auspressen.

Zuckerschoten, Pistazien, Ananassalbei, Knoblauch, Chilischote und Rapsöl in einem hohen Gefäß mit einem Zauberstab pürieren.

Saft und Abrieb der Limette, den geriebenen Käse, Salz und Zitronenpfeffer zugeben und nochmals gut verrühren.

Tipp:
Vergessen Sie nicht die Zuckerschoten abzuschrecken, sie verlieren sonst schnell ihre Farbe und das Pesto kann leicht grau werden.

Passt gut zu:
- Nudeln
- gebratenem Fleisch
. . .

oooohhh Pesto

Pumpernickelpesto

100g	Pumpernickel
20 g	Paranüsse
80 ml	Orangensaft
30 g	Cheddar-Käse
5 cl	Olivenöl
Pfeffer aus der Mühle	
Fleur de Sel	

Die Paranüsse ohne Öl in einer Pfanne rösten
und abkühlen lassen.
Die Pumpernickelscheiben grob zerbröseln.
Den Cheddar reiben.
Die Orangen auspressen.
Pumpernickel, Orangensaft, Paranüsse, Käse
und Olivenöl in einem hohen Gefäß mit dem
Zauberstab pürieren.
Mit Pfeffer und Fleur de Sel würzen.
Nochmals verrühren und abschmecken.

Tipp: Das Pesto wird fester wenn es eine
Weile steht, vielleicht müssen Sie
dann noch etwas Flüssigkeit zugeben.

Passt gut zu:
- frischem Apfel
- poschierten Eiern
. . .

ooohhh Pesto

Kapuzinerkressepesto

100 g	Kapuzinerkresse (Blätter und Blüten)
8 cl	Olivenöl
20 g	Parmesan
25 g	Pinienkerne
1	Zitrone (unbehandelt)
1 MSP	Orangenpfeffer
1MSP	Fleur de Sel

Die Blätter und Blüten der Kapuzinerkresse unter fließendem Wasser abspülen und gut abschütteln.
Die Pinienkerne ohne Öl in einer Pfanne anrösten.
Die Zitrone gründlich waschen und abtrocknen, das Gelbe der Schale fein abreiben und den Saft auspressen.
Den Parmesan reiben.
Kapuzinerkresse, Olivenöl und Pinienkerne in einem hohen Gefäß mit einem Zauberstab pürieren. Saft und Abrieb der Zitrone, den geriebenen Parmesan, Salz und Pfeffer zugeben und nochmals kräftig vermengen.

Tipp: Das Fleur de Sel schmeckt sehr fein, Sie können aber auch ein anderes Salz verwenden.

Passt gut zu:
- Ofenkartoffeln
- Wildschweinpastete
. . .

Zwetschgenpesto

50 g	Zwetschgen ohne Haut und Kerne
25 g	Pinienkerne
1	Chilischote
1	Zitrone unbehandelt
4 cl	Traubenkernöl
30 g	Pecorino

Meersalz und Pfeffer aus der Mühle

Die Zwetschgen waschen, putzen, entkernen und schälen.

Die Pinienkerne ohne Öl in einer Pfanne rösten.

Die Chilischote der Länge nach halbieren, entkernen, waschen, putzen und in Stücke schneiden.

Die Zitrone gründlich waschen und abtrocknen, das Gelbe der Schale fein abreiben und den Saft auspressen.

Den Pecorino fein reiben.

Zwetschgen, Pinienkerne, Chili, Saft und Abrieb der Zitrone, Traubenkernöl sowie Pecorino in einem hohen Gefäß mit einem Zauberstab pürieren.

Mit Salz und Pfeffer abschmecken.

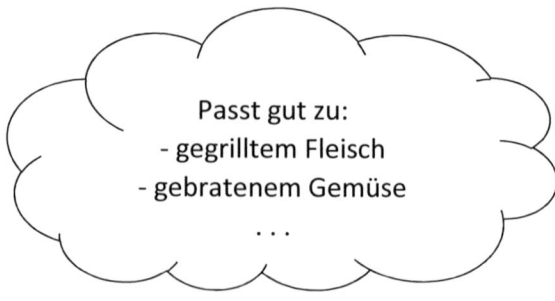

Passt gut zu:
- gegrilltem Fleisch
- gebratenem Gemüse

. . .

Tipp: Sie können die Zwetschgen auch mit Schale verwenden, dann sollten Sie sie aber vorher ohne die anderen Zutaten pürieren und durch ein feines Sieb streichen.

Apfel–Ingwerpesto

250 g	Äpfel ca. 2 Stück
50 g	Ingwer
30 g	Macadamianüsse
6 cl	Sonnenblumenöl
1	kleine Chilischote
1	Limette (unbehandelt)
1 EL	Blütenhonig

Salz und Pfeffer aus der Mühle

Die Äpfel schälen, Kernhaus entfernen und in grobe Würfel schneiden.
Ingwer schälen und fein reiben.
Die Chilischote der Länge nach halbieren, entkernen, waschen, putzen und in Stücke schneiden.
Die Limette gründlich waschen und abtrocknen, das Grüne der Schale fein abreiben und den Saft auspressen.
Macadamianüsse, Äpfel, Ingwer, Sonnenblumenöl und Chili in einem hohen Gefäß kräftig pürieren.
Jetzt den Saft und Abrieb der Limette, Blüten-honig, Salz und Pfeffer zugeben und nochmals durchrühren.

Tipp: Wir haben für die Äpfel Fallobst verwendet und deshalb mehr benötigten. Die 250 g haben wir erst nach dem Putzen abgewogen.

Passt gut zu:
- gebratenen Garnelen
- Geflügel
. . .

oooh Pesto

Limettenpesto

5-6	Limetten
6 cl	Sonnenblumenöl
40 g	ungesüßte Cornflakes
25 g	Pinienkerne
1 MSP	Meersalz
2 cl	Reduktion von weißem Balsamico
3 EL	Rosmarinhonig

Die Pinienkerne in einer Pfanne ohne Öl leicht anrösten und anschließend abkühlen lassen.

Die Limetten mit einem scharfen Messer so schälen, dass die weiße Haut mit entfernt wird, im nächsten Schritt die Fruchtfilets herausschneiden.

In einem hohen Gefäß die Limettenfilets, das Sonnenblumenöl und die Pinienkerne mit einem Zauberstab pürieren.

Meersalz, Balsamicoreduktion und Rosmarinhonig hinzufügen und mit 30g Cornfakes noch einmal kräftig pürieren.

Das Pesto etwas stehen lassen, da die Cornflakes noch aufquellen. Nach ca.20 min die Konsistenz prüfen und evtl. die restlichen Cornfakes untermixen.

Tipp: Wenn Sie keinen Rosmarinhonig bekommen, können Sie auch einen anderen kräftigen Honig verwenden.

Passt gut zu:
- geräuchertem Fisch
- Grillfleisch
. . .

ooohhh Pesto

Mediteranes Pesto

2	Tomaten
1	rote Zwiebel
2	Schalotten
4	Knoblauchzehen
1	Chilischote
1	Limette (unbehandelt)
je 1	weißer, grüner und roter Spitzpaprika
8 cl	Traubenkernöl
20 g	Pinienkerne
40 g	Parmesan
6-8	Sauerampferblätter
1 MSP	Meersalz
1 MSP	Orangenpfeffer
1 MSP	Kräuter der Provence
etwas Öl zum Andünsten	

Die Haut der Tomaten kreuzförmig einritzen und ca. 10 sec in kochendem Wasser blanchieren.

Die Tomaten häuten, vierteln und dabei den Stielansatz und die Kerne entfernen.

Die Pinienkerne ohne Öl in einer Pfanne rösten. Den Parmesan fein reiben.

Die Sauerampferblätter waschen und von den Stielen befreien.

Die Spitzpaprika waschen, putzen, der Länge nach halbieren, die Kerne entfernen und die Haut mit einem Sparschäler dünn abschälen. Das Fruchtfleisch grob würfeln.

Die Limette gründlich waschen und abtrocknen, das Grüne der Schale fein abreiben und den Saft auspressen.

Die Chilischote der Länge nach halbieren, entkernen, waschen, putzen und in Stücke schneiden.

Knoblauch, Schalotte, und Zwiebel schälen, würfeln und in etwas Öl glasig dünsten.

Passt gut zu:
- Lammkotelett
- Kalbsgoulasch
. . .

Tomaten, Schalotten, Knoblauch, Zwiebel, Chilischote, Spitzpaprika, Traubenkernöl und Pinienkerne sowie den Sauerampfer in einem hohen Gefäß kräftig mit einem Zauberstab pürieren.

Salz, Orangenpfeffer, Kräuter der Provence, den geriebenen Parmesan, Saft und Schale der Limette zugeben und erneut durchrühren.

Tipp: Das Fleur de Sel schmeckt sehr fein, Sie können aber auch ein anderes Salz verwenden.

oooohhh Pesto

Kartoffel—Anchovispesto

150 g	Kartoffeln
35 g	Anchovis
30 g	Sonnenblumen-kerne
½	Chili
6 cl	Olivenöl
Majoran	

Die Kartoffeln weich kochen, schälen, etwas abkühlen lassen und klein schneiden.

Die Sonnenblumenkerne ohne Öl in einer Pfanne rösten und abkühlen lassen.

Die halbe Chilischote entkernen, waschen, putzen und in kleine Würfel schneiden.

Anchovis, Chili, Sonnenblumenkerne und Olivenöl in einem hohen Gefäß mit einem Zauberstab pürieren.

Jetzt erst die Kartoffeln dazu geben und untermixen.

Mit Majoran und evtl. etwas Pfeffer würzen und nochmals rühren.

Tipp:
Sie sollten die Kartoffeln so kurz wie möglich pürieren, da sie sonst eine Konsistenz wie Kleister bekommen.

Passt gut zu:
- poschiertem Rinderfilet
- gebratenem Fisch

. . .

ooohhh **Pesto**

Liebstöckelpesto

150g	Liebstöckel-blätter
10	Minzblätter
½	Limette (unbehandelt)
40 g	Walnußkerne
8 g	Grobsalz
5 cl	Sonnenblumenöl
½	Chilischote

Schwarzer Pfeffer aus der Mühle

Den Liebstöckel waschen und die Blätter vom Stiel zupfen.

Die halbe Chilischote waschen, entkernen und grob zerkleinern.

Die Walnußkerne ohne Öl in der Pfanne leicht anrösten.

Die Limette gründlich waschen und abtrocknen, das Grüne der Schale fein abreiben und den Saft auspressen.

Alle Zutaten zusammen mit dem Öl in ein hohes Gefäß geben und mit einem Zauberstab pürieren.

Nach Geschmack Pfeffer aus der Mühle hinzufügen und fertig !

Tipp: Wer es schärfer mag lässt einfach die Kerne in der Chilischote.

Passt gut zu:
- Ofenkartoffeln
- oder ein Löffelchen in die Suppe
. . .

Zucchinipesto

300g	Zucchini (kleine)
1	Limette (unbehandelt)
1 TL	Rohrzucker (gehäuft)
1	Chilischote
2-3	Knoblauchzehen
5 g	Meersalz
8 cl	Olivenöl
25 g	Parmesan

Salz und schwarzer Pfeffer aus der Mühle

Die Zucchini waschen, putzen, und die Endstücke abschneiden. Die Zucchini grob würfeln.

Die Chilischote ebenfalls waschen der Länge nach halbieren und die Kerne entfernen. Den Knoblauch schälen und zusammen mit der Chilischote hacken.

Die Limette gründlich waschen und abtrocknen, das Grüne der Schale fein abreiben und den Saft auspressen.

Zucchini, Chili, Knoblauch, Saft und Abrieb der Limette, Rohrzucker und Öl in einem hohen Gefäß mit einem Zauberstab pürieren. Salz, Pfeffer und den frisch geriebenen Parmesan hinzufügen und nochmals kräftig durchrühren.

Tipp: Sie können die Konsistenz des Pestos durch die Pürierdauer bestimmen. Je länger Sie pürieren, desto feiner wird das Pesto.

Passt gut zu:
- Nudeln
- gebratenem Fleisch
. . .

ooohh **Pesto**

Belugalinsenpesto

100 g Belugalinsen, getrocknet

100 ml trockener Weißwein

ca. 250 ml Rinderbrühe

1 rote Zwiebel

30 g Sonnenblumenkerne

5 g Ingwer

1 Limette

4 cl Sonnenblumenöl

Salz und Pfeffer aus der Mühle

etwas Öl zum Anbraten

Die Zwiebel schälen, in kleine Würfel schneiden und in etwas Öl andünsten.

Die gewaschenen Linsen zu den Zwiebeln geben und mit dünsten. Mit Weißwein ablöschen.

Den Ingwer in Scheiben schneiden und dazu geben.

Jetzt mit so viel Rinderbrühe auffüllen, dass alles leicht bedeckt ist und ca. 20 min köcheln lassen, bis die Linsen weich sind.

Abkühlen lassen und den Ingwer herausnehmen.

Die Sonnenblumenkerne ohne Öl in einer Pfanne anrösten und abkühlen lassen.

Die Limette auspressen.

Linsen, Sonnenblumenkerne, Sonnenblumenöl und Limettensaft in einem hohen Gefäß mit einem Zauberstab pürieren.

Mit Pfeffer und evtl. etwas Salz abschmecken. Je nach gewünschter Konsistenz noch etwas Rinderbrühe dazu geben und unterrühren.

Passt gut zu:
- geräuchertem Lachs
- Kalbsrouladen
. . .

Tipp: Wenn Sie es ganz vegetarisch möchten verwenden Sie einfach Gemüsebrühe.

oooohhh Pesto

Lauch–Tomatenpesto

150 g	Lauch
3	Tomaten
20 g	Pinienkerne
1	Limette (unbehandelt)
1 EL	Tomatenmark
5-6	Sauerampferblätter
6 cl	Rapsöl
30 g	Parmesen
1	Chilischote
1 Priese	Muskatnuß
1 Msp	Orangenpfeffer
1 Msp	Meersalz

Den Lauch waschen und putzen in ca. 5mm dünne Ringe schneiden und 2 min in Salzwasser blanchieren.

Die Haut der Tomaten kreuzförmig einritzen und ca. 10 sec in kochendem Wasser blanchieren.

Anschließend häuten, vierteln und dabei den Stielansatz und die Kerne entfernen.

Die Pinienkerne ohne Öl in einer Pfanne rösten. Den Parmesan fein reiben.

Die Limette gründlich waschen und abtrocknen, das Grüne der Schale fein abreiben und den Saft auspressen.

Sauerampferblätter waschen, putzen und von den Stielen befreien.

Die Chilischote der Länge nach halbieren, entkernen, waschen, putzen und in Stücke schneiden.

Tomaten, abgekühlten Lauch, Pinienkerne, Sauerampfer, Chilischote und Rapsöl in einem hohen Gefäß kräftig mit einem Zauberstab pürieren.

Dann Saft und Abrieb der Limette, Orangenpfeffer, Tomatenmark, Parmesan, Salz und geriebenen Muskat hinzufügen und nochmals gründlich durchrühren.

Passt gut zu:
- gegrilltem Fleisch
- Bratwurst
. . .

Tipp: Verwenden Sie möglichst nur das Weiße vom Lauch. Das Dunkel-grüne der Lauchstange ist sehr fest und zäh und lässt sich nicht so gut pürieren.

Inhaltsverzeichnis:

Andreas Koller

Die scharfe Liste oder das Alphabet der Vitalstoffe

Überarbeitete Ausgabe 2016

GRIN Verlag

GRIN - Your knowledge has value

Der GRIN Verlag publiziert seit 1998 wissenschaftliche Arbeiten von Studenten, Hochschullehrern und anderen Akademikern als eBook und gedrucktes Buch. Die Verlagswebsite www.grin.com ist die ideale Plattform zur Veröffentlichung von Hausarbeiten, Abschlussarbeiten, wissenschaftlichen Aufsätzen, Dissertationen und Fachbüchern.

Besuchen Sie uns im Internet:

http://www.grin.com/

http://www.facebook.com/grincom

http://www.twitter.com/grin_com

GESUNDHEITS.KOLLER
GENUSS INKLUSIVE

DIE SCHARFE LISTE
ODER DAS ALPHABET
DER VITALSTOFFE

G'SCHMACKIGE LISTE SEITE

Die folgenden Seiten erklären, was und warum manches für den menschlichen Organismus gesund ist - oder eben auch nicht. Alphabetisch gereiht entsteht so eine Liste, die bewusste Ernährung einfach logisch und wunderbar köstlich macht.
Also: scharf nachdenken und bewusst genießen!

„SCHARFE" LISTE

A

Vitamin A schärft die Augen, hält Körperzellen jung und gesund, regeneriert die Haut, bekämpft Viren, Bakterien und andere Krankheitserreger. Ist als Retinol nur in tierischen Produkten enthalten. Pflanzen enthalten die Vorstufe Provitamin A (Carotinoid). Im Darm wird dieses in Vitamin A umgewandelt.

WIEVIEL?

1 mg Retinol/Tag, das sind ca. 2,5 g Leber oder 200 g Schnittkäse, mittelfett.
4 mg Beta-Carotin/Tag (Vorstufe von Retinol), das sind 80 g Karotten oder 11 g Spinat.
Durch Beta-Carotin (ein Carotinoid) können keine Vitamin-A-Vergiftungen ausgelöst werden.
Zuwenig: Nachtblindheit (Retinol), verminderter Schutz vor oxidativen Schäden (Beta-Carotin).
Zuviel: bei Tagesdosen von mehr als 15 mg (Retinol) über Monate/Jahre kann es zu nicht bleibenden Leberschäden kommen. Beta-Carotin kann zu unbedenklicher Gelbverfärbung der Haut führen.

WOFÜR?

Vitamin A schützt die Schleimhäute, kräftigt das Immunsystem und wird zur Produktion des Sehpurpurs benötigt. Beta-Carotin und andere Carotinoide stellen wirksame Radikalfänger (Antioxidans) dar und sind somit ein wichtiger Beitrag zur Krebsvorbeugung. Vitamin A sorgt zudem für schöne Finger- und Fußnägel, fördert Wachstum, trägt zur Knochenbildung und Knochenerhaltung bei.

WORIN?

Karotte	Paradeiser	Zuckermelone
Spinat	grüne Erbse	Pfirsich
Kürbis	Brokkoli	Fischleberöl
Grünkohl	Fisolen	Leber
Kopfsalat	Avocado	Fleisch
Spargel	Marille	Käse

> **TIPP:** Geben Sie bei der Zubereitung von Gemüse immer etwas Fett dazu, denn dadurch kann Vitamin A leichter aus der Nahrung im Verdauungstrakt herausgelöst und verwertet werden. Man kann Vitamin A nur überdosieren, wenn es zulange in hohen Dosen in Tablettenform eingenommen wird. Pflanzliche Carotinoide können Sie essen, soviel Sie wollen.

Paradeiser: Der Paradeiserfarbstoff Lycopin (noch wirksamer als Beta-Carotin) gehört ebenfalls in die Gruppe der Carotinoide. Diese unterstützen die Vitamine und wirken antioxidativ, d.h. sie reduzieren freie Radikale. Lycopin ist in den Faserzellen der Paradeiser eingelagert und wird erst durch Hitzebehandlung zusammen mit etwas Öl befreit (bioverfügbar). **Ideal:** ein Kilogramm Paradeiser in kleine Stücke schneiden, zusammen mit einem Esslöffel Öl, Zwiebeln, Knoblauch, Oregano, Salbei, Basilikum und etwas Rotwein bei kleiner Hitze ca. 10 Minuten schmoren lassen und mit Nudeln oder selbstgemachten Gnocchi und buntem Blattsalat genießen..

REZEPT

LEBERRAGOUT

4 Frühlingszwiebeln, 200 g Champignons, 200 g Kirschparadeiser, 300 g Kalbs- oder Rindsleber, 20 g Butter, 50 g eingelegte Silberzwiebeln, Salz, weißer Pfeffer, 100 ml Suppe, 100 g Schlagobers

ZUBEREITUNG:
Lauchzwiebeln schräg in Scheiben schneiden. Champignons und Paradeiser halbieren. Leber in große Würfel schneiden. 20 g Fett erhitzen, Leber darin 1 - 2 Minuten anbraten. Champignons zufügen und anbraten. Lauchzwiebeln, Tomaten und Silberzwiebeln darin kurz schmoren. Mit Salz und Pfeffer würzen. Mit Suppe und Obers ablöschen, aufkochen und 1 - 2 Minuten köcheln lassen. Dazu Erdäpfelpüree reichen.

B

B-Vitamine sind als Bestandteil von Enzymsystemen wirksam (Enzyme sind für alle Soffwechsel-vorgänge im Körper wichtig) und kommen nur in Kombination in der Nahrung vor. Vitamin B ist vor allem für Personen wichtig, die gute Nerven brauchen und für alle Sport- und Fitnessfans, die sich mehr Energie und Kondition wünschen.

WIEVIEL?

Vitamin B1 (Thiamin):   1 - 1,2 mg/Tag, das sind 235 g Haferflocken oder 145 g Erdnüsse
Vitamin B2 (Riboflavin):   1,2 - 1,4 mg/Tag, das sind 30 g Germ oder 200 g Mandeln
Vitamin B6 (Pyridoxin):   1,2 - 1,5 mg/Tag, das sind 45 g Weizenkeime oder eine große Banane
Vitamin B12 (Cobalamin): 3 µg/Tag, das sind 300 g Topfen oder 500 g Magermilchjoghurt, 8 g Leber
Zuwenig: Entzündliche Hautveränderungen, offene Mundwinkel, Schleim-hautveränderungen im Verdauungstrakt, Blutarmut.
Zuviel: Keine Reaktionen bekannt.

WOFÜR?

Der Vitamin B-Komplex wirkt im Körper wie die reine GESUNDHEITSREVOLUTION.
Vitamin B1:   wichtig im Stoffwechsel der Kohlenhydrate, für Nerven und Herz
Vitamin B2:   für Wachstum und Abwehrkräfte, Lichtschutzwirkung für Augen, Zellenergie und Zellatmung, Fettstoffwechsel, Eisenstoffwechsel, Haut und Haare
Vitamin B6:   Schaltstelle für den Eiweißstoffwechsel: für Wachstum, Haut, Haare, Nerven, Kräftigung des Immunsystems
Vitamin B12:   schützt den Zellinnenraum, erhöht die Abwehrkräfte, wichtig für das Bindegewebe

WORIN?

Vitamin B1: Getreidevollkorn, Sprossen, Hülsenfrüchte, Naturreis, Schweinefleisch (mager), Scholle, Sellerie
Vitamin B2: Milch und Milchprodukte, Ei, Germ, Vollkorn, Fisch, Fleisch, Sellerie
Vitamin B6: Getreidevollkorn, Weizenkeim, Soja, Banane, Kohl, Lauch, Fisolen, Germ , Fisch, Fleisch, Sellerie
Vitamin B12: Milch, Sauermilchprodukte, Ei, Käse, Leber, Hering, Forelle, milchsaures Gemüse (Sauerkraut)

> **TIPP:**
> Essen Sie anstelle von stark bearbeiteten, industriell hergestellten Lebensmittel viel Frisch-
> kost, Germ, Vollkornprodukte, Milchprodukte und Hülsenfrüchte. Frauen, die jahrelang
> eine Antibabypille nehmen, leiden häufig unter Vitamin B6-Mangel. Fragen Sie Ihren Arzt!

Sellerie: Sellerie enthält sämtliche B-Vitamine in ausgewogener Konzentration: von keinem extrem viel, aber alle in feiner Abstimmung untereinander. B-Vitamine bewirken am
allermeisten in Verbindung mit ihrer eigenen Familie. Fehlen einzelne B-Vitamine, wie zum
Beispiel Vitamin B2 oder Vitamin B6, sinkt auch der Bionutzen aller anderen B-Vitamine.
Genießen Sie einen **Sellerie-Karotten-Rohkostsalat** mit Apfelessig, Honig, Apfelstückchen,
Pinienkernen, etwas Rapsöl und ein kleines Stück gegrillte Leber mit Oregano, Zitronensaft
und Vollkornbrot.

REZEPT

BUTTERMILCH-LAUCHSUPPE
Zutaten: 30 dag Erdäpfel, 1/2 l Wasser, 1/4 l Buttermilch, Salz, Pfeffer, Zucker,
1/2 Stange Lauch

ZUBEREITUNG:
- Erdäpfel waschen, schälen und klein würfeln
- in Wasser oder Suppe bissfest kochen
- Buttermilch einrühren, erhitzen, aber nicht mehr kochen
- mit Gewürzen abschmecken
- Lauch putzen und waschen
- in sehr feine Streifen schneiden und auf die Suppe streuen.

C

VITAMIN C - DIE WUNDERWAFFE (ASCORBINSÄURE)

Vitamin C ist am Zellaufbau und Abwehrsystem beteiligt - durch Vitamin C wird erst Leben möglich.

WIEVIEL?

100 mg/Tag, das sind 55 g frischer Paprika (1 Stück), 12 g Hagebutte roh oder 50 g Johannisbeere schwarz.

Zuwenig: Wundheilungsstörungen, Infektanfälligkeit, Leistungsschwäche, Müdigkeit, Beeinträchtigung des seelischen Wohlbefindens.

Zuviel: Einzeldosen von 5 g und mehr können kurzdauernde Durchfälle verursachen.

WOFÜR?

Vitamin C ermöglicht gesundes Wohlbefinden, da zwei wichtige Funktionen im Organismus ohne Vitamin C nicht bestehen würden:

1.) Kräftigung des Immunsystems
2.) Vitamin C ist ein Antioxidans (neben Beta-Carotin, Vitamin E, Selen, ...), d.h. es fängt die freien Radikale

Weiters werden Hormone nur mit Hilfe von Vitamin C freigesetzt, wie etwa Noradrenalin. Vitamin C schützt das Zahnfleisch, den Zellinhalt, glättet Blutgefäßwände, sorgt für feste und glatte Haut, kräftiges Haar und gesunde Nerven, und ist ein wichtiger Bestandteil des Eisenstoffwechsels. Es kurbelt die Fettverbrennung im Körper an, stärkt das Binde- und Stützgewebe und schützt die Vitamine A, E, B1, B2.

WORIN?

Sanddorn	Zwiebel	Kren	Orange
Hagebutte	Kohlrabi	Chinakohl	Zitrone (mit Fruchtfleisch)
Sauerkraut	Spinat	Kiwi	Holunderbeere
Paprika	Erdbeere	Banane	Himbeere
Brokkoli	Kohl	Apfel	Johannisbeere
Spargel	Erdäpfel	Papaya	Brombeere
Sojabohne	Petersilie	Grapefruit	

TIPP:

Vitamin C ist äußerst empfindlich gegenüber Hitze, Sauerstoff, Licht, Feuchtigkeit und zu langer Lagerung. Bei unsachgemäßer Zubereitung und Lagerung gehen daher meist über 50% des

Vitamin C-Gehaltes verloren. Daher auch rohes Obst und Gemüse verwenden! Achten Sie beim Kochen auf rasches Durchlaufen des Temperaturbereiches zwischen 65° C und 85° C, da in diesem Bereich der größte Anteil dieses Vitamines zerstört wird. Raucher benötigen eine höhere Dosis: eine Zigarette „kostet" etwa 25 mg Vitamin C!

APFEL: Äpfel enthalten kaum Eiweiß, viel Wasser, wenig Kohlenhydrate, unbedeutende Mengen an Fettsäuren in der Schale, dafür einen köstlichen Reichtum an Vitaminen und Spurenelementen. Wenn der Apfel am Baum heranwächst, reichern sich in ihm hohe Konzentrationen von Vitamin C an. Dieser Biostoff fühlt sich im Apfel besonders wohl, weil er durch andere Pflanzenschutzstoffe vor vorzeitiger Oxidation geschützt wird. So wird jeder Apfel im menschlichen Darm zum Kombipräparat gegen allerlei Wehwehchen!

REZEPT

CHINAKOHL MIT KREN
Zutaten: 1/2 Stde. Chinakohl, 2 Äpfel, 1/2 Becher Joghurt, 1/2 Becher Sauerrahm, 2 EL Obstessig, Salz, 1/2 TL Honig, Petersilie, 1 EL geriebener Kren

ZUBEREITUNG:
- Chinakohl und Äpfel feinnudelig schneiden
- aus den übrigen Zutaten eine Sauce bereiten
- mit Chinakohl und Äpfeln gut vermischen

Ca

> ## CALCIUM - DAS KNOCHENMINERAL

Calcium ist wichtig für die Festigkeit der Knochen und Zähne sowie für die Energiegewinnung in den Zellen.

WIEVIEL?

1-1,2 g/Tag, das sind ca. 70 g Parmesan oder 120 g Tilsiter, 150 g Sesam,
400 g Hagebutte/Petersilie, 500 g Kohl.

Zuwenig: Krampfneigung (Tetanie), gestörtes Knochenwachstum bei Kindern u. Säuglingen (Rachitis), Knochenerweichung bei Erwachsenen (Osteomalazie), Knochenbrüchigkeit (Osteoporose), krankhafte Veränderungen der Zähne/Haut/Haare/Nägel (brüchig, rissig ...), Störung der Blutgerinnung.

Zuviel: Appetitverlust, Übelkeit, Erbrechen, Verstopfung, Blähungen, psychische Störungen, Verkalkungen im Bereich des Unterhautgewebes, der Augen, der Nieren u. Gelenke, Harnsteinbildung.

WOFÜR?

Calcium ist von größter Bedeutung für den Aufbau und die Erhaltung von Knochen und Zähnen. Ein 60 kg schwerer menschlicher Körper beinhaltet ca. 1,1 kg Calcium, davon 99% in den Knochen und Zähnen. Das restliche 1% wird für andere Funktionen wie Muskelaktivität, Leitung der Nervenimpulse usw. benötigt. Führen Sie dieses 1% nicht mit der täglichen Nahrung zu, wird das Calcium den Knochen entzogen.

WORIN?

Speisealge	Käse	Haselnuss	Hülsenfrüchte
Feige	Milchprodukte	Mandel	grünes Gemüse
Rosine	Pistazie	Petersilie	Hagebutte
Sesam	Soja	Schnittlauch	

> **TIPP:** Die Fähigkeit des menschlichen Organismus Calcium aus der Nahrung aufzunehmen (Bioverfügbarkeit) kann durch fördernde Faktoren wie z.B. Vitamin D (durch Bewegung an der frischen Luft und bei Sonnenschein) und Milchzucker (Laktose) positiv beeinflusst werden. Die Aufnahme kann gehemmt werden durch zuviel Alkohol, Nikotin, Koffein, tierisches Fett, phosphorhältige Speisen (Räucherwaren, Schmelzkäse) sowie Oxalsäure (Kakao). Diäten begünstigen die Entstehung von Osteoporose, da sie den Calciumstoffwechsel (zu geringe tägliche Calciumaufnahme durch die Nahrung) gehörig durcheinander bringen. Eine vitamin- und mineralstoffreiche Ernährung, sowie viel Bewegung in der Natur von Kindheit an, können Erkrankungen im Alter verhindern!

Hagebutten müssten ob ihres Reichtums an Mineralstoffen (alle) und Vitaminen (C, A, B, E, H) eigentlich rezept- u. apothekenpflichtig sein. Sie haben bisher vermutlich nur mit dem Tee Kontakt gehabt. Versuchen Sie doch einmal als pikante Beilage zu kaltem oder warmen Fleisch, aber auch zu Fondues eine köstliche **Hagebuttensauce**: 170 g Hagebuttenmark* mit 1/16 l trockenem Roséwein, einem kleinen geriebenem Apfel und 1/16 l geschlagenem Obers vorsichtig durchmischen. Mit etwas Zucker und wenig Salz abrunden. Eine wahrlich runde Sache.

*Frische Früchte von Stielen und Blütenresten befreien. In der Mitte auseinanderschneiden und die Kerne entfernen. Anschließend gut waschen um die feinen Härchen wegzubekommen. Die so vorbereitenden Hagebutten über Nacht mit Wasser bedeckt stehen lassen. Am nächsten Tag kochen Sie diese im Einweichwasser ca. 30 Minuten lang und streichen sie leicht abgekühlt durch ein Sieb. Das Mark können Sie einfrieren oder nach nochmaligem Aufkochen (Vitaminverlust!) wie Marmelade aufbewahren.

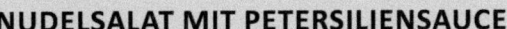

REZEPT

NUDELSALAT MIT PETERSILIENSAUCE

Zutaten für 6 - 8 Personen: 500 g Nudeln (z.B. Penne), 500 g Hähnchenfilet, 2 - 3 mittelgroße Zwiebeln, 500 g Paradeiser, 1 - 2 Knoblauchzehen, 1 Bund Petersilie, Edelsüß-Paprika, Salz, weißer Pfeffer, Sonnenblumenöl, Balsamico-Essig

ZUBEREITUNG
Nudeln bissfest garen. Kalt abschrecken und abtropfen lassen. Fleisch in Stücke schneiden und in 2 EL Öl 5 - 6 Minuten braten. Mit Salz, Pfeffer und Paprika würzen. Zwiebeln in Ringe, Paradeiser in Spalten schneiden. Knoblauch und Petersilie fein hacken. Essig, Knoblauch, Petersilie, Salz und Pfeffer verrühren. Etwas Öl darunter schlagen. Vinaigrette mit Nudeln, Fleisch, Zwiebelringen und Paradeiserspalten mischen und etwas ziehen lassen. Den Salat nochmals abschmecken.

D

DAS SONNENVITAMIN (CALCIFEROL)

Vitamin D ist für die Aufnahme von Calcium aus dem Darm und für den Einbau von Calcium in die Knochen und Zähne unabdingbar.

WIEVIEL?

Bei regelmäßiger Sonnenbestrahlung besteht kein Bedarf, aber aufgrund der saisonalen Unterschiede werden 5 µg/Tag empfohlen - sind in 100 g Saibling enthalten.

Zuwenig: Schmerzen des gesamten Skeletts, Osteoporose, Osteomalazie (Knochenerweichung)

Zuviel: Erst ab einer dauerhaften Aufnahme von 95 µg und mehr pro Tag: häufiges Wasserlassen, Durst, Übelkeit, Erbrechen

WOFÜR?

Vitamin D und der Calciumspiegel sind miteinander verbunden. Wenn Calcium wegen fehlendem Vitamin D nicht aus der Nahrung über den Darm aufgenommen werden kann, wird es aus den Knochen entzogen. Osteoporose und Rachitits sind bekannte Mangelerscheinungen. Vitamin D hält zusammen mit Calcium das Skelett kräftig und regt die Knochenbildung an. Weiters sorgt es für gesunde Zähne, ein kräftiges Herz, fördert den Optimismus, ist ein wichtiger Bestandteil bei der Hormonbildung und wirkt dem Giftstoff Blei entgegen.

WORIN?

Fischleber-Öl	Wildlachs	Pilze
Ölsardine	Rinderleber	Ei
fettreicher Fisch	Milch	Vollkorngetreide
heimischer Süßwasserfisch		

TIPP: Da Sonnenlicht in unserer Haut die Vitamin D-Bildung stimuliert, sollten Sie regelmäßig für viel Bewegung in frischer Luft sorgen.

Fisch: Fisch sollte mind. 1 x wöchentlich auf Ihrem Speiseplan stehen, aber nicht im fetten Mantel (Panier) versteckt, sondern pochiert, gegrillt oder natur gebraten. Fische sind reich an Eiweiß, Vitaminen, Mineralstoffen und hochwertigen Fetten, sowie durchwegs leicht verdaulich. Apropos Fett - bevorzugen Sie anstatt einem gebackenen Karpfen mit Erdäpfel-Mayonnaise-Salat Folgendes: gewürfelte Paradeiser mit Suppe, Weißwein, Zwiebeln, Knoblauch, Lorbeer, Rosmarin, Thymian, Worchester Sauce, Pfeffer, Paradeismark, Kapern

und 2 - 3 frischen Salbeiblättern etwa 20 Min. köcheln (nicht anbraten!). Anschließend gewürfeltes, mit frischem Zitronensaft mariniertes **Saiblingsfilet** für 1 - 2 Min. darin pochieren. Mit Basmati-Reis und buntem Blattsalat serviert ergibt dieser Hochgenuss viel Energie für Arbeit und Liebe!

REZEPT

HERING-NUDEL-SALAT

Zutaten für 4 Personen: 250 g Conchigiliette (Teigwaren: kl. Muscheln), 5 EL Olivenöl, 400 g essigmarinierte Heringe, 2 gekochte Erdäpfel, 2 große Äpfel, 2 kleine Köpfe Friséesalat, 2 kleine Knollen Rote Rüben, 4 hartgekochte Eier, 6 eingelegte Silberzwiebeln, 6 süßsaure Gurken, 2 EL Kapern, 3 EL Estragonessig, Salz, Pfeffer (aus der Mühle)

ZUBEREITUNG:
Die Nudeln in leicht gesalzenem kochendem Wasser zusammen mit dem Olivenöl al dente garen, abgießen und abschrecken. Essigmarinierte Heringe, Kartoffeln, Äpfel, Friséesalat und Rote Rüben klein schneiden und mit den Nudeln in eine große Salatschüssel geben. Alle Zutaten sorgfältig mischen Die hart gekochten Eier achteln. Den Salat mit den Eiern, Silberzwiebeln, Gurken und Kapern garnieren. Das restliche Olivenöl, den Estragonessig sowie die Kapern über dem Salat verteilen und sofort servieren.

E

Vitamin E erfüllt in unserem Körper den wichtigen Schutzauftrag freie Radikale zu bekämpfen und Fettsäuren, speziell die mehrfach ungesättigten Fettsäuren, vor Oxidation („ranzig werden") zu schützen. Es wirkt somit beinahe wie ein Jungbrunnen.

WIEVIEL?

12 - 14 mg/Tag, das sind 120 g Erdnüsse, 30 g Rapsöl, 120 g Roastbeef
Zuwenig: Als Folge der Anhäufung von Radikalen kommt es zu Störungen der Zellfunktion, des Muskelstoffwechsels sowie des Nervensystems.
Zuviel: > 800 mg/Tag können Blutplättchenverklebung hemmen und so die Blutungszeit verlängern.

WOFÜR?

Vitamin E verhindert Durchblutungsstörungen, weil es der Klumpenbildung im Blut vorbeugt. Es schützt die Zellwände, unterstützt die Leber bei der Entgiftung, beugt Entzündungen vor und ist unter anderem eine gute Voraussetzung um ein hohes Lebensalter zu erreichen (Vorbeugung von Arteriosklerose). Vitamin E wirkt zusammen mit den Vitaminen A und C, sekundären Pflanzenstoffen (Carotinoide, ...) und dem Mineralstoff Selen als Antioxidans. Es stärkt das Immunsystem und gilt als wichtiger Bestandteil bei der Krebsvorbeugung. Vitamin E hat aber nicht nur im Körper wichtige Funktionen, sondern schützt auch Fettsäuren vor Oxidation. Somit ist Vitamin E ein natürliches Konservierungsmittel.

WORIN?

Rapsöl	Kürbiskernöl	Mandel	Knollensellerie
Distelöl	Haselnussöl	Vollkorngetreide	Sojabohne
Sojaöl	Erdnussöl	Butter	Leinsamen
Sesamöl	Leinöl	Margarine	Schwarzwurzel
Olivenöl	Traubenkernöl	Ei	Paprika roh
Sonnenblumenöl	Milch	Walnuss	Erdnuss
Walnussöl			

TIPP: Vitamin E verhindert den Verderb pflanzlicher Öle. Da es selbst jedoch durch Tageslicht zerstört wird, sollten Sie Öle in getönten Glasflaschen und dunkel aufbewahren.
Wichtig: Vitamin E schützt unsere Haut vor Schäden durch Umweltgifte und bei übermäßiger Sonnenbestrahlung.

Rapsöl: wird wegen seiner optimalen Zusammensetzung auch „Olivenöl des Nordens" genannt. Bei der Herstellung wird österreichischer Raps schonend gepresst und veredelt. Durch Verwendung dieses Öls schützen Sie nicht nur Ihre Gesundheit, sondern auch heimische Arbeitsplätze! Rapsöl ist reich an einfach ungesättigten Fettsäuren (60%), mehrfach ungesättigten Fettsäuren (34%), Vitamin E und Coenzym Q 10. Es enthält geringe Mengen der Vitamine A, D, K und ist erhitzbar.

Für alle GrillmeisterInnen: bereiten Sie für's nächste Grillfest (warum nicht im Winter?) die Marinade selber zu. Verwenden Sie dazu nach Geschmack Rosmarin, Thymian, Salbei, Lorbeer, Knoblauch, Oregano, Worcestershire Sauce, Tabasco, Pfeffer (Mühle), Paprikapulver, ... und frischen Zitronensaft (kein Salz) sowie Rapsöl. Die Fleischstücke mind. 12 Std. marinieren, anschließend gut abtropfen lassen und unter Verwendung einer Grilltasse grillen. Die verbliebene Marinade vermengen Sie mit rohen, geschälten, geviertelten Erdäpfel sowie reichlich grob geschnittenen Zwiebeln und backen diese bei 180°C im Rohr (zur Halbzeit mit Weißwein untergießen). Der ganze Duft des Südens wird Ihre Nase umschmeicheln!

REZEPT

SCHWARZWURZEL-RAGOUT

Zutaten für 4 Personen: 700 g Schwarzwurzeln, 4 Schalotten, 1 Knoblauchzehe, 2 EL Rapsöl, 1 EL Curry, 100 ml trockener Weißwein, 1/2 l Gemüsesuppe, 400 g Karotten, 2 Lauchzwiebeln, 30 g Mangold, Mehl zum Binden, Schlagobers nach Bedarf, Salz, frisch gemahlener Pfeffer, einige Spritzer Zitronensaft

ZUBEREITUNG:
Schwarzwurzeln unter fließendem kalten Wasser kräftig abbürsten und schälen. Schalotten und Knoblauch fein würfeln. Schwarzwurzeln in mundgerechte Stücke schneiden. Öl erhitzen. Schalotten, Knoblauch und Schwarzwurzeln andünsten. Mit Curry bestauben, etwas anschwitzen und mit Weißwein und Suppe ablöschen. Salzen und zugedeckt weitere 20 Minuten köcheln. Karotten würfeln. Lauchzwiebeln klein schneiden. Beides nach 15 Minuten zu den Schwarzwurzeln geben. Mangold in Streifen schneiden, 5 Minuten mitgaren. Mehl mit kaltem Wasser versprudeln („Gmachtl") und einrühren, aufkochen und mit Obers verfeinern. Mit Salz, Pfeffer und Zitronensaft abschmecken. Dazu passen Bandnudeln.

F

FLUOR - DER KARIESVORBEUGER

... für harte Zähne und Knochen.

WIEVIEL?

3,1 bis 3,8 mg/Tag, das sind ca. 500 g Walnusskerne, 600 g Lachs, 1200 g Schweineleber.
Zuwenig: In Verbindung mit vitalstoffarmer Ernährung und mangelnder Mundhygiene erhöhte Anfälligkeit gegenüber Karies, Wachstumsverzögerung in der embryonalen Phase und im Säuglingsalter.
Zuviel, chronisch: weißliche Flecken auf dem Zahnschmelz, Braunverfärbung der Zähne, brüchige und weiche Knochen, Gelenkschmerzen u. -versteifungen infolge Verkalkungen von Sehnen und Gelenkkapsel;
Zuviel, akut: Übelkeit, Erbrechen, Bauchschmerzen.

WOFÜR?

Fluor steigert die Festigkeit der Zahnsubstanz und erhöht die Stabilität von Knochen sowie Zähnen. Es trägt zur Kariesprophylaxe bei, da es die Ansammlung von Mundbakterien und die Säurebildung in den Zahnbelägen hemmt – ist aber kein Ersatz für das Putzen der Zähne! Die Ausbesserung (Remineralisation) kleinerer Kariesschäden kann durch einen ausreichenden Fluoridgehalt im Speichel gefördert werden. Die durch dieses Spurenelement verbesserte Eisenaufnahme aus dem Darm bietet zusätzlichen Schutz gegen Schwangerschaftsanämie (Blutarmut).

WORIN?

Nüsse	Schalen- und Krustentiere	Petersilie
Samen	Milchprodukte	Spinat
Kerne	Käse	Schwarztee
Fisch	Geflügel	Mineralwasser
Schweineleber	Getreide und -produkte	

TIPP: Fluor gehört wie Selen zu jenen Spurenelementen, deren Spannweite zwischen günstiger und schädlicher Dosis relativ eng ist. Wer sich an die empfohlenen Dosierungen hält, geht kein Risiko ein. Erste Anzeichen eines Zuviel sind weißliche Flecken im Zahnschmelz. Eine Überdosierung von Fluor bei Säuglingen und Kleinkindern kann passieren, wenn Sie die Zähne mit Zahnpaste für Erwachsene (höherer Fluoridgehalt) geputzt bekommen und diese auch verschlucken. Bei einem erhöhten Risiko für Karies können die Zähne vom Zahnarzt fluoridiert werden. Fragen Sie diesbezüglich Ihren Zahnarzt. Fluor ist wie Jod in unseren Böden nur wenig enthalten. Mineralwasser enthält im Durchschnitt ca. 0,3 bis 0,35 mg/Liter.

Die Walnuss ist ein wertvolles heimisches Nahrungsmittel. Es beinhaltet alle Mineralstoffe sowie die Vitamine A/E/B1/B2/Niacin/B6 und C. Beachten Sie jedoch den hohen Fettgehalt von 62%. Im Fachhandel erhalten Sie das wunderbar schmeckende Walnussöl (für Salate). Dazu ein Tipp in Form eines Rezeptes aus der Toskana.

Coniglio senesi: Braten Sie 4 Kaninchenhinterläufe langsam in Olivenöl an und stellen Sie diese warm. 500 g geschälte Schalotten im Ganzen anschwitzen und nachfolgend grob geschnitten 4 Karotten, 2 Stück Stangensellerie und 1 Petersilienwurzel hinzugeben. Kurz Paradeismark mitrösten und mit bestem Chianti ablöschen. Mit frischem Salbei, Rosmarin- bzw. Thymianzweigerln, Lorbeerblättern verfeinern und mit etwas pflanzlicher Suppenwürze, Pfeffer (Mühle) und wenig Salz abschmecken. Die Schenkerl reingeben und zugedeckt bei 130°C im Rohr langsam weich dünsten. Gegen Garende noch gut eine Handvoll schwarze Oliven bester Qualität beigeben. Als kulinarische Überraschung die Sauce dieser toskanischen Gaumenfreude mit ca. 50 g frisch geriebenen Walnüssen binden und eine Spur von feinstem Olivenöl darüberziehen. Reichen Sie dazu gebratenen Polenta, verschiedene Blattsalate, ein Glas Chianti Classico Riserva – und Sie werden die erste Haube verliehen bekommen!

REZEPT

WINTERSALAT

Zutaten: 1 mittelgroßer Chinakohl, 2 Orangen, 10 dag Walnüsse, 10 dag Emmentaler
Marinade: 1/2 Becher Sauerrahm, 1/2 Becher Joghurt, Saft einer Zitrone, Essig, Salz, Pfeffer

ZUBEREITUNG
Chinakohl fein schneiden, Orangen schälen und würfelig schneiden, Walnüsse zerkleinern, Emmentaler in kleine Würfel schneiden. Alle Zutaten mit der Marinade vorsichtig vermischen.

Fe

EISEN - DAS BLUTMINERAL

Nicht nur bei der Stahlproduktion unabdingbar, sondern auch wesentlicher Baustein des Hämoglobins (roter Blutfarbstoff) und des Myoglobins (roter Muskelfarbstoff).

WIEVIEL?

10 - 15 mg/Tag, das sind ca.: 54 g Schweineleber, 70 g Ingwerwurzel, 100 g Kalbsniere, 150 g Hirse/Amaranth/Vollkornmehl/Sojabohnen, 600 g Fleisch.

Zuwenig: Appetitlosigkeit, geringe Belastbarkeit, Erschöpfung, Kopfschmerzen, Störung der Wärmeregulation durch reduzierte Funktion der Schilddrüse, gesteigerte Infektanfälligkeit, rauhe/spröde Haut, Mundwinkelrisse, Fingernagelrillen, brüchiges Haar, Eisenmangelanämie (Blutarmut), reduzierte Intelligenzentwicklung besonders bei Kleinkindern, Verzögerung des Wachstums während der pubertären Entwicklungsphase.

Zuviel: Akutes Nierenversagen z.B. durch Überdosierung von Eisenpräparaten; bei Eisenspeichererkrankung Schädigung von Haut, Drüsen, Hoden, Leber, Milz, Herz und Knochenmark.

WOFÜR?

Eisen ist als wesentlicher Bestandteil des roten Blut- u. Muskelfarbstoffes zum Transport (Blut) und als Speicher (Muskel) von Sauerstoff unverzichtbar. Beteiligt ist dieses Spurenelement am Energiestoffwechsel und bei der Zellbildung. Eisen unterstützt das Immunsystem durch Erzeugung von guten Radikalen, die zur Abtötung von Bakterien benötigt werden. Gleichzeitig verhindert Eisen die Bildung von schädlichen Radikalen, fördert jedoch bei einem Zuviel deren Entstehung. Als wesentlicher Enzymbestandteil leistet dieses Spurenelement einen wertvollen Beitrag zum Funktionieren des menschlichen Organismus.

WORIN?

Innereien	Fleisch	Hülsenfrüchte	Sauerrampfer
Ingwerwurzel	Geflügel	grüne Gemüsesorten	Trockenfrüchte
Samen	Fisch	Brunnenkresse	Eierschwammerl
Kerne/Nüsse	Soja	Löwenzahn	Getreide(-produkte)

TIPP: Die Fähigkeit des menschlichen Organismus Eisen aufzunehmen (Bioverfügbarkeit) ist abhängig von der Zusammensetzung der Kost. Eisen aus tierischen Produkten wird deutlich besser aufgenommen als aus pflanzlichen Nahrungsmitteln, jedoch kann die Eisenaufnahme aus pflanzlicher Nahrung durch gemeinsamen Verzehr mit tierischen Produkten erhöht werden. Verringert wird die Aufnahme durch Oxalsäure (Spinat, Mangold, Kakao, Rhabarber), Schwarztee, Kaffee. Die Kombination mit Vitamin C-hältigen Nahrungs-

mitteln fördert die Aufnahme von Eisen enorm - daher zum kulinarischen Genuss ein Glas (frischgepressten) Fruchtsaft und/oder einen Salat genießen!

Gesteigerter Bedarf besteht speziell in den ersten beiden Lebensjahren und der Pubertät, bei Frauen während der Menstruation und besonders während Schwangerschaft bzw. Stillperiode, aber auch bei Leistungssportlern. Fragen Sie diesbezüglich den Arzt Ihres Vertrauens.

Die Leber hat neben vielen anderen Aufgaben (Stoffwechsel ...) vor allem auch für die Entgiftung des Organismus zu sorgen. Deshalb sollten Sie bei der Auswahl unbedingt auf die Herkunft achten und Lebern von Tieren aus kontrollierter biologischer Landwirtschaft den Vorzug geben. Ein Stück gegrillte Leber mit etwas Oregano, Pfeffer aus der Mühle und ein paar Tropfen Zitronensaft gewürzt, passt hervorragend zu einem Salat aus Unkräutern: Mischen Sie dazu nach Belieben Bärlauch, Brunnenkresse, Himmelsschlüssel- und Löwenzahnblätter, Sauerampfer, Gänseblümchen und geben kurz angebratene Eierschwammerl darüber. Dazu eine Marinade aus Senf, Himbeeressig, Honig oder Zucker und Traubenkernöl.

REZEPT

SOJAGULASCH

Zutaten: 2 Zwiebel, 1 EL Rapsöl, 100 g Sojawürfel (trocken gewogen), 5 Wacholderbeeren, Salz, 2 Lorbeerblätter, 1/2 TL Thymian, 2 Pimentkörner, 1/2 l Gemüsebouillon, 1 Beutel getrocknete Steinpilze, 250 g Champignons oder Eierschwammerl, 1 EL Vollkornmehl, 1 EL gehackte Petersilie

ZUBEREITUNG
Zwiebel schneiden und in Öl glasig dünsten. Sojawürfel und Gewürze zufügen, mit heißer Bouillon aufgießen und 15 min dünsten. Die in wenig Wasser eingeweichten Steinpilze gut ausdrücken und mit den blättrig geschnitten Champignons (Eierschwammerl) dem Gulasch beifügen, weitere 10 min garen, ev entuell nachwürzen. Vollkornmehl mit etwas kaltem Wasser anrühren, den Saft damit binden und mit Petersilie bestreut servieren. Dazu passen Knödel oder Nockerl.

H

Schöne, glatte Haut und fülliges, glänzendes Haar entstehen zuerst im Darm - und Biotin kann hier mehr helfen als alle Kosmetikinstitute der Welt.

WIEVIEL?

30 - 60 µg/Tag, das sind 300 g Haferflocken, 175 g Haselnüsse
Nur bei gesunder Darmflora können die Darmbakterien Biotin selbst erzeugen.
Zuwenig: Entzündliche Hautveränderungen, Appetitlosigkeit, Schwäche, Übelkeit, Depression ...
Zuviel: keine Reaktionen bekannt.

WOFÜR?

Biotin spielt im Bereich aller Stoffwechselvorgänge des menschlichen Organismus eine wichtige Rolle.

WORIN?

Vollkorngetreide	Käse	Melasse
Pilze	Naturreis	Eigelb
Kleie	Spinat	Kartoffel
Mageres Fleisch	Lebertran	Makrele
Gemüse	Mageres Geflügel	Soja
Schinken	Salat	Frischer Fisch
Walnuss	Rindsleber	Obst
Meeresfrüchte	Erdnuss	Kalbsleber
Milch	Biogerm	Mandel
Krabben		

> **TIPP:** Verwenden Sie bei Ihrer Ernährung häufig Biogerm, außer Sie haben Probleme mit Ihrem Harnsäurespiegel!

Soja hat als Eiweißlieferant gegenüber Fleisch einen Vorteil: Die Aminosäuren (kleinste Eiweißbausteine) lassen sich leichter aus der Nahrung herausspalten als Eiweiß in Fleisch, Fisch und Geflügel. Soja-Eiweiß ist optimal verwertbar; besonders für Menschen, die wenig Magensäure produzieren. Sojabohnen nicht roh verwenden! Roh enthalten sie gesundheitsschädliche Stoffe, welche die Eiweißverdauung behindern und Blutverklumpungen verursachen können. Dies gilt auch für getrocknete Linsen und Bohnen.

SOJA-CURRYRAGOUT „INDISCHE ART" MIT FRÜCHTEN AUF VOLLKORNREIS

Zutaten für 8 - 10 Personen: 250 g Soja-Eiweißwürfel, 50 g Rapsöl, 100 g Zwiebeln, 200 g Äpfel (geschält), 200 g Orangen (geschält), 100 g Bananen (geschält), 50 g frische Ananas (Stücke), 40 g Mehl, 100 g Sauerrahm, 400 g Vollkornreis, Curry, Suppenkräuter

ZUBEREITUNG:
Soja-Eiweißwürfel in heißem Wasser 1/2 Stunde einweichen, eventuell noch etwas Wasser und Salz zugeben und 15 Minuten kochen. Zwiebeln in Rapsöl anbraten, Sojawürfel beigeben und etwas mitrösten. Mit Curry und Suppenkräutern abschmecken. Früchte würfelig schneiden und beigeben. Kurz kochen lassen, mit Mehl abbinden und mit Sauerrahm legieren. Dazu Vollkornreis reichen.

H₂O

50 - 70% unseres Körpergewichts bestehen aus Wasser. Wasser ist für die Aufrechterhaltung sämtlicher Lebensvorgänge unverzichtbar.

WIEVIEL?

Der Flüssigkeitsbedarf ist von verschiedenen Faktoren abhängig: Umgebungstemperatur, körperliche Betätigung, Gesundheitszustand, Alter, Geschlecht, Körpergewicht und Ernährungsgewohnheiten. Der Richtwert für die Flüssigkeitszufuhr liegt zwischen 2,25 - 2,7 Liter pro Tag. Bei starker körperlicher Betätigung (in Hitzebetrieben, beim Hochleistungssport) sind mitunter bis zu 10 l pro Tag notwendig.

Zuwenig: Wassermangel äußert sich u.a. durch trockene Mundschleimhäute. Bei Wassermangel besteht im Körper ein Ungleichgewicht an Mineralstoffen, das körperliche Beschwerden wie Muskelschwäche und Kreislaufstörungen nach sich zieht.

Zuviel: Unter normalen Trinkgewohnheiten ist nicht mit einer zu hohen Wasseraufnahme zu rechnen. Allerdings müssen sich Menschen, die an Leberzirrhose, Nierenerkrankungen, Herzerkrankungen usw. leiden, an die Vorgaben des behandelnden Arztes halten.

WOFÜR?

Wasser hat wichtige Funktionen im Körper:
1. Wesentlicher Baustoff im Körper (Hauptbestandteil des Körpers!).
2. Lösungsmittel für Nährstoffe und deren Transportmittel zu den Körperzellen.
3. Wasser regelt die Körpertemperatur. So schwitzen Sie, wenn es Ihrem Körper zu heiß wird!

WORIN?

Die meiste Flüssigkeit wird über Getränke aufgenommen (1,2 - 1,5 l), gefolgt von 0,7 - 1 l, die mit der Nahrung zugeführt werden. Große Bedeutung bei der täglichen Flüssigkeitszufuhr haben im Rahmen der Ernährung Gemüse und Obst, gekochte Speisen wie Suppen, Eintöpfe, Nudeln und vor allem Reis. Das darin in gebundener Form vorkommende Wasser ist reich an wasserlöslichen Vitalstoffen! Wassergehalt in den Lebensmitteln:

Gurke	97%	Fleisch fett	40%
Milch	88%	Edamer	42%
Apfel	86%	Baguette	30%
Reis gekocht	73%	Gummibärchen	18%
Fleisch mager	70%	Vollmilchschokolade	1%

> **TIPP:** Bei eiweiß- und kochsalzreicher Ernährung, geringer Nahrungsaufnahme, schwerer körperlicher Arbeit oder Sport, hoher Temperatur, aber auch bei trockener, kalter Luft sowie bei Erbrechen und Durchfall sollten Sie mehr trinken. Trinken Sie, bevor Sie Durstgefühl verspüren. Denn Durst stellt sich erst bei einem Flüssigkeitsverlust von 0,5 - 1,5 Litern ein und sollte Sie nur in Ausnahmefällen ans Trinken erinnern! Beobachten Sie Farbe und Geruch des Harns. Dieser ist - mit Ausnahme des Morgenharns und vorausgesetzt die Flüssigkeitszufuhr ist optimal - bei Gesunden beinahe farb- und geruchlos.

TRINKEMPFEHLUNG:
- mind. 1,5 l am Tag
- reichlich Leitungswasser, Mineralwasser, ungesüßter Kräutertee
- verdünnte Gemüse- und Obstsäfte
- Kaffee und schwarzer Tee (max. 3 bis 4 Tassen)
- ACHTUNG: Limonaden, Fruchtsaftgetränke oder Fruchtnektar enthalten viel Zucker und sollten daher nicht in großen Mengen konsumiert werden!
- mäßig Alkohol, ist ein hoch kalorienhältiges Genussmittel
- Milch nicht in den Trinkverbrauch miteinrechnen, beachten Sie den Fettgehalt!

Trinkwasser ist in Österreich das am strengsten kontrollierte Lebensmittel. Es darf nur dann als Trinkwasser bezeichnet werden, wenn es vom Menschen ohne Gefährdung seiner Gesundheit genossen werden kann und geruchlich, geschmacklich und dem Aussehen nach einwandfrei ist.

Natürliches Mineralwasser: Mineralwasser stammt aus natürlichen Quellen. Beim Sickern durch verschiedene Gesteinsschichten wird es mit Mineralstoffen angereichert.
Tipp: Bedingt durch den unterschiedlichen Gehalt an Mineralstoffen, sollten Sie die Vielfalt der angebotenen Mineralwässer nutzen und immer wieder wechseln.

Tafelwasser: Im Gegensatz zu Mineralwasser stellt Tafelwasser kein natürlich gewonnenes Wasser dar. Es ist vielmehr eine Mischung aus Trink- und Mineralwasser. Das Mischungsverhältnis ist beliebig.

J

JOD - DAS SCHILDDRÜSENMINERAL

Jod wirkt als Bestandteil der Schilddrüsenhormone u.a. einem Kropf entgegen.

WIEVIEL?

200 µg/Tag, 100 g Fisch, 500 g Emmentaler/Parmesan, 700 g Tilsiter/Gouda/Raclette/Rinderherz, 800 g Feta.

Zuwenig: Vergrößerung der Schilddrüse (Kropf), Schädigung des kindlichen Organismus im Mutterleib, Schilddrüsenunterfunktion.

Zuviel: Durch Einnahme jodhältiger Präparate bzw. Substanzen zu therapeutischen oder diagnostischen Zwecken möglicher Jodausschlag, Allergien oder (selten) Schilddrüsenüberfunktion.

WOFÜR?

Die Schilddrüse braucht Jod für die Produktion ihrer Hormone. Diese Hormone regeln viele Stoffwechselvorgänge. Sie beeinflussen die Körpertemperatur und die Verbrennung der Nährstoffe entsprechend dem jeweiligen Bedarf. Im Kindesalter fördern sie das Wachstum aller Körperzellen, im Erwachsenenalter steigern sie den Stoffwechsel. Die Schilddrüsenhormone wirken auch auf die Tätigkeit der Hirnanhangdrüse, der Bauchspeicheldrüse und der Nebenniere. Durch zu wenig Jod produziert die Schilddrüse keine/zu wenig Hormone. Um diesen Mangel abzudecken, vermehrt die Schilddrüse ihre Aktivität, wodurch sie wächst. Die Struma – im Volksmund Kropf genannt – entsteht.

WORIN?

jodiertes Speisesalz	Kabeljau	Muscheln	Innereien
Schellfisch	Rotbarsch	Seetang	Ei
Seelachs	Meeresfrüchte	Lachs	Milch
Scholle	Garnele	Fleisch	

TIPP: Österreich zählt zu den jodarmen Gebieten. Jod wurde in der letzten Eiszeit mit dem Schmelzwasser der Gletscher aus den Böden ausgewaschen und in die Meere gespült. Der Jodgehalt von Lebensmitteln hängt vom Anbaugebiet ab, auch im Trinkwasser kommt Jod in Mangelgebieten nur gering vor. Daher wird als Jodmangelvorbeugung in Österreich Speisesalz mit 20 mg Kaliumjodid pro Kilogramm angereichert. Beim Kochen tritt Jod sehr schnell in die Flüssigkeit über, daher das verwendete Wasser gering halten bzw. mitverwenden. (Beachten Sie die Tipps zur Vitaminerhaltung!)
Über die Verwendung von Jodtabletten im Zusammenhang mit atomaren Katastrophen fragen Sie Ihren Arzt oder Apotheker.

Lachs ist reich an Mineralstoffen und enthalt die Vitamine A, D, E, Vitamin B-Komplex, Omega-3-Fettsäuren und viel Eiweiß. Omega-3-Fettsauren helfen Blutverklumpungen zu verhindern und Gefäßverengungen sowie Entzündungen in den Blutgefäßen entgegenzuwirken. Achten Sie beim Einkauf auf die Herkunft und geben Sie Wildlachs den Vorzug. Dazu ein köstliches Gericht:

Lachstatar: vermengen Sie feingehacktes (rohes) Wildlachsfilet mit Schnittlauchröllchen, frischen Dillspitzen, feingehackten Schalotten, Distelöl, frisch gepresstem Limonensaft, Salz und Pfeffer aus der Mühle. Mit Friséesalat, Wachtelei und Keta-Kaviar garniert, einem Stück Vollkornbrot ergänzt und einem Glas südsteirischen Morillonsekt gekrönt, ist dieser kalte Gaumenschmeichler ein Garant für ein verheißungsvolles Essen!

REZEPT

SPAGHETTI MIT BIO-SCAMPI UND KNOBLAUCH

Zutaten (für 4 Portionen): 400 g Spaghetti, 500 g Bio-Scampi, 1/4 l Weißwein, 1 Zwiebel, 100 g Stangensellerie, 1 roter Paprika, 4 Zehen Knoblauch, Saft von einer 1/2 Zitrone, 3 EL Petersilie (gehackt), Salz, Pfeffer, Olivenöl, Obers

ZUBEREITUNG
Zwiebel hacken, Sellerie und Paprika kleinwürfelig schneiden. In etwas Olivenöl kurz anbraten. Mit Salz, Pfeffer, Zitronensaft und zerdrücktem Knoblauch würzen. Mit Wein und eventuell etwas Nudelkochwasser ablöschen, zudecken und köcheln lassen. Nach Geschmack mit Obers verfeinern und sämig einkochen. In diesem Ansatz die Scampi wenige Minuten ziehen lassen. Parallel dazu Nudeln bissfest kochen. Sauce mit Spaghetti vermischen und mit reichlich frischer Petersilie anrichten.

ES GIBT MENSCHEN,
DIE RAUCHEN NICHT,
TRINKEN NICHT,
ESSEN NUR GEMÜSE
UND MEIDEN AUCH SONST
JEDEN GENUSS.
ZUR STRAFE WERDEN SIE
100 JAHRE ALT.
REINHARD SIEMENS

K

Vitamin K spielt eine bedeutende Rolle beim Stoffwechsel der Knochen, des Bindegewebes und ist vor allem bei der Bildung von Blutgerinnungsfaktoren wichtig.

WIEVIEL?

1 µg pro kg Körpergewicht/Tag: in je 100 g frischem Kohl/Spinat sind 817 µg bzw. 400 µg Vitamin K enthalten.

Zuwenig: Verlängerung der Blutgerinnungszeit.

Zuviel: Auch im Bereich des 500-fachen Schätzwertes keine toxische Wirkung bekannt.

WOFÜR?

Vitamin K fördert, da es am Aufbau der Gerinnungsfaktoren wesentlich beteiligt ist, die Blutgerinnung. Ohne dieses Vitamin würden Wunden unablässig weiterbluten. Gemeinsam mit Vitamin D ist es am ständigen Auf- und Umbau der Knochen beteiligt. Zum Erhalt der Zähne, der Vitalität und Lebensfreude wird dieses Vitamin ebenfalls benötigt!

WORIN?

Kohl	Häuptelsalat	Getreide
Spinat	Endivie	Milch
Fisole	Gurken	Milchprodukte
Kohlsprosse	Kresse	Fleisch (mager)
Karfiol	Zucchini	Leber
Brokkoli	Fenchel	Vogerlsalat
Paradeiser		

> **TIPP:** Vitamin K ist (neben Vitamin D) bei Menschen zwischen 30 und 60 für die Gesunderhaltung der Knochen mitverantwortlich. Auch bei langer Medikation von Antibiotika, Antiepileptika, Tuberkulostatika, Gerinnungshemmern und Schmerzmitteln wurde ein Mangel an diesem Vitamin festgestellt. Besonders reich an Vitamin K sind alle grünen Gemüsesorten.

Spinat: Frisch geernteter roher Blattspinat mit warmen Erdäpfeln, feingeschnittener roter Zwiebel, Knoblauchzehe, Apfel-Barrique-Essig, etwas Senf, Meersalz, frisch gemahlenem Pfeffer, steirischem Kernöl, sowie feingehackten Kürbiskernen ist ein absolutes Gedicht! Sollten Sie Spinat lieber als warmes Gericht bevorzugen, bitte nicht mehr aufwärmen, da sich dabei die vorhandenen Nitrate in Nitrite umwandeln und diese wiederum im

Verdauungstrakt krebserzeugende Nitrosame bilden. Der Vitamin K-Gehalt reduziert sich kaum, da dieses Vitamin zwar lichtempfindlich ist, jedoch der Hitze das kalte Blatt zeigt (hitzestabil).

REZEPT

KOHLGEMÜSE

Zutaten für 4 Personen: 1 Kohlkopf (ca. 60 dag), 8 dag Speck, 2 kl. Zwiebeln (Schalotten), ca. 1/8 l Wasser, Mehl zum Binden, Obers nach Bedarf, Salz, Pfeffer, Muskat, Majoran

ZUBEREITUNG:
Kohl nudelig schneiden. Mit siedendem Wasser überbrühen und anschließend abschrecken. Zwiebeln fein schneiden, Speck würfeln und beides anschwitzen. Kohl und Wasser dazugeben, auf kleiner Flamme weich dünsten. Mit Salz, Pfeffer, etwas Muskat und Majoran abschmecken. Anschließend mit „Gmachtl" (Mehl mit kaltem Wasser versprudeln) binden und mit Obers verfeinern.

K

KALIUM: DAS HERZMINERAL

Wichtig für die Informationsweiterleitung in den Nerven-und Muskelzellen, sowie für den Flüssigkeitsdruck innerhalb der Zellen. Gegenspieler des Natriums im Körper.

WIEVIEL?

2-4 g/Tag, das sind ca. 60 g getr. Eierschwammerl oder 200 g getr. Hülsenfrüchte oder 300 g Petersilie (Blatt oder Wurzel) oder 300 g Trockenobst oder 650 g Forelle oder 750 g Banane bzw. mageres Fleisch.

Zuwenig: Muskelschwäche, Schweregefühl, Zittern, Herzrhythmusstörungen, Darmlähmung, Blutdruckabfall.

Zuviel: Störungen der Nerven-, Muskel- und Herzfunktion.

WOFÜR?

Kalium sorgt vom Inneren der Zellen für einen ausgewogenen Wasserhaushalt. Für die Regulation der Nervenfunktionen, das Schlagen des Herzens (Reizleitung am Herzen) und des Säure-Basenhaushaltes ist es mitverantwortlich. Kalium ist wesentlich am Wachstumsschub in den ersten vier Lebensmonaten und während der Pubertät beteiligt. Die Aktivität der Muskulatur und die Produktion körpereigener Enzyme (unterstützen Stoffwechselvorgänge) werden von diesem Mengenelement beeinflusst. Kalium trägt dazu bei, das über die Nahrung aufgenommene Eiweiß für den menschlichen Organismus verfügbar zu machen und unterstützt die Verwertung der Kohlenhydrate.

WORIN?

Soja	Hülsenfrüchte	Kerne
Petersilie	Ingwer	Trockenobst
Grüne Gemüsesorten	Getreide	Marille
Wurzelgemüse	Samen	Banane
Knoblauch	Nüsse	Fisch und Fleisch mager

TIPP: Die unkontrollierte Einnahme von wassertreibenden Medikamenten oder Abführmitteln kann ebenso wie länger dauernder Durchfall und Erbrechen zu Mangelerscheinungen führen. Die meisten in diversen Zeitschriften propagierten Diäten basieren auf dem Wissen, dass Kalium der Gegenspieler des Natriums ist. Empfohlen wird eine salzlose(-arme) und kaliumreiche Kost. Durch das dabei entstehende Ungleichgewicht der beiden Mineralstoffe verliert Natrium die Fähigkeit Wasser zu binden. Die dadurch erfolgte rasche Gewichtsreduktion resultiert jedoch nicht aus einer Verringerung des Fettgewebes,

sondern aus vermehrtem Ausscheiden von Wasser in Form von Harn. Dieser Effekt ist günstig bei kurzdauernden Entschlackungskuren. Erfolgt dies verbunden mit einer erhöhten Wasseraufnahme über längere Zeit, kann der durch das Ausschwemmen entstehende Natriummangel zu Kreislaufschwäche und Übelkeit, sowie in weiterer Folge zu bleibenden Hirnschäden führen. Kalium wird sehr leicht durch Kochwasser ausgeschwemmt!

Petersilie, wohl eines der bekanntesten Küchenkräuter, sollten Sie unbedingt pfleglich (siehe Vitaminerhaltung), behandeln und möglichst frisch verwenden. Dieses Duftkräutlein beinhaltet alle Mineralstoffe in hoher Dosierung, sowie die Vitamine C, B, E und A. Wunderbar als Hauptgericht geeignet, vielleicht mit einer Käsesauce und Salat, aber auch eine tolle Beilage sind **Petersilknödel**: bereiten Sie aus Erdäpfel (mehlig), Mehl (griffig), Grieß, Eier, Salz wie gewohnt einen Teig und arbeiten Sie 3 Bund frische Petersilie, fein gewiegt ein. Rösten Sie eine gute Handvoll Pinienkerne in einer trockenen Pfanne hellbraun und füllen Sie damit die Knöderl, welche noch 20 Minuten im Wasser ziehen müssen. Ein Gedicht!

REZEPT

APFEL-RETTICH-SALAT

Zutaten:
2 Äpfel (400 g)
1 weißer Rettich
1 EL Zitronensaft
frische Petersilie

Für die Marinade:
1/8 l Joghurt, 2 EL Obers
1 TL Senf, 2 TL geriebener Kren
50 g grob gehackte Walnusskerne
Zitronensaft, Salz, weißer Pfeffer

ZUBEREITUNG
Äpfel waschen, vierteln, quer in Scheiben schneiden. Sofort mit Zitronensaft beträufeln. Rettich schälen und in dünne Scheiben schneiden. Für die Marinade die Zutaten miteinander verrühren, Apfel- und Rettichscheiben unterheben, 10 min. durchziehen lassen. Mit Petersilie garnieren.

Mg

> ## MAGNESIUM - DAS SPORTMINERAL
>
> Magnesium ist wichtig für die Verwertung von Kohlenhydraten, Fett und Eiweiß, da es mehr als 300 Enzyme (unentbehrliche Eiweißkörper für den Stoffwechsel) aktiviert. Baustoff für Knochen und Zähne.

WIEVIEL?

300-400 mg/Tag, das sind ca.: 50 g Speisekleie, 80 g Sonnenblumenkerne, 100 g Amaranth (Getreide), 200 g Reis (unpoliert)/Hirse/Portulak, 500 g Garnelen.
Zuwenig: Gefühllosigkeit, Zittern, Muskelschwäche, Muskelkrämpfe, Unruhe, Herz-Kreislauf-Störungen, verminderte Nahrungsverwertung.
Zuviel: Durchfall, Blutdruckabfall, Schläfrigkeit, Hautrötungen, Muskellähmungen.

WOFÜR?

Magnesium aktiviert vor allem Enzyme des Energiestoffwechsels (z.B. Sport). Es ist, ebenso wie Calcium, wichtiger Bestandteil der Knochen und Zähne. Das Zusammenspiel zwischen Nerven und Muskeln ist von diesem Mengenelement ebenso abhängig, wie die geregelte Kontraktion (Zusammenziehen) der Muskulatur. Magnesium sorgt für elastische Blutgefäße und trägt somit dazu bei, Gefäßverkalkungen (Arteriosklerose) zu verhindern. Eine entspannende Wirkung ist ebenso bekannt.

WORIN?

Bohnen	Nüsse	Fleisch (mager)
Soja	Kerne	Obst
Getreide	Germ	Gemüse
Reis	Trockenfrüchte	Portulak
Hirse	Fisch	Milchprodukte
Samen	Geflügel	

> TIPP: Durch ein vielfach geringes Vorkommen von Magnesium in den Böden unserer Breiten, ist ein ernährungsbedingter Mangel festzustellen. Zusätzliche Verluste entstehen bei der industriellen Be- und Verarbeitung von Lebensmitteln bzw. durch Wässern und Kochen in viel Wasser. Die Aufnahme von Magnesium wird durch übermäßigen Alkohol-konsum und durch chemische Konservierungsstoffe gehemmt. Milchzucker (Laktose) hingegen fördert die Aufnahme. Häufige Fastenkuren, Durchfall, Erbrechen sowie unkont-rollierte Einnahme von Abführmitteln (Laxanzien) wirken sich negativ auf die Magnesium-aufnahme aus.

Portulak: Aus China stammend wurde er früher in Europa sehr häufig als Salatpflanze gezogen. Dieses Heil(Un)kraut regt mit seinen wertvollen Vitalstoffen den Stoffwechsel an und ist die reichste Quelle für Linolensäure (siehe Information zu Fette), die bisher bekannt ist. Das Aussäen im Beet oder Kistchen ist völlig problemlos. Ernten Sie die Pflänzchen vor der Blütezeit. Die fleischigen, saftigen Stiele sowie Blätter sind bei Feinschmeckern sehr beliebt, werden meist roh gegessen und weisen einen würzigen, leicht salzigen Geschmack auf. Sie können **Portulak** aber auch wie Gurkerl in Essig einlegen. Bereiten Sie doch eine Marinade aus bestem Olivenöl, Sherryessig, etwas Honig oder Zucker, Salz, Pfeffer (Mühle), feingehackter roter Zwiebel oder Schalotte und Senf. Vermischen Sie diese Delikatesse mit warmen, in Scheibchen geschnittenen Erdäpfel (Kipfler) und bestreuen Sie diese vor dem Servieren mit entrindetem, gewürfeltem, in einer beschichteten Pfanne gerösteten Toastbrot, dem Sie ganz kurz vorm Braun-Werden feingehackten Knoblauch beigeben. Portulak können Sie auch sehr gut mit Blattsalaten mischen oder ein Topfenbrot damit belegen.

REZEPT

GEBRATENER KARPFEN AUF KAROTTENGEMÜSE

Zutaten für 4 Personen: 600 g Karpfenfilet (mit Haut), Salz, Zitronensaft, Olivenöl
Für das Karottengemüse: 6 mittelgroße Karotten, 1 Schalotte, 2 EL Traubenkernöl, 1 EL Honig, etwas Zitronensaft, Salz, Pfeffer, 2 Zweige Thymian, 1 TL feingehackte Rosmarinnadeln, 1 Msp. gemahlener Piment, 3 EL Obers, einige Zweige Rosmarin zum Garnieren

ZUBEREITUNG:
Die Karpfenfilets mit Salz und Zitronensaft würzen und in einer Pfanne mit Olivenöl auf der Hautseite braten. Karotten schälen und grob reiben. Schalotten feinwürfelig schneiden und in Traubenkernöl glasig anschwitzen, die Karotten dazugeben und mitdünsten. Mit Salz, Pfeffer, Zitronensaft, Honig, Piment würzen. Thymian rebeln und mit dem Rosmarin in das Gemüse streuen. Bissfest garen und zuletzt Obers einrühren.
Den Fisch mit dem Karottengemüse auf Tellern anrichten und mit Rosmarin garnieren.

NaCl

KOCHSALZ

Natrium (Na) + Chlorid (Cl) = Natriumchlorid (NaCl) = Kochsalz
Regulatoren für die Aufnahme, Verteilung und Ausscheidung von Wasser im Körper (Wasserhaushalt). Beide sind in fast allen Nahrungsmitteln ausreichend einzeln enthalten, werden jedoch kombiniert in Form von Speisesalz meist (zu) reichlich aufgenommen.

WIEVIEL?

3 - 5 g Kochsalz/Tag (= 1/3 Na und 2/3 Cl) bei durchschnittlicher körperlicher Betätigung, das sind ca. 50 g Oliven oder 80 g Ketchup oder 150 g Leberkäse oder 200 g Brot oder 2500 g Topfen
Zuwenig: reduzierte Verdauung, Muskel- und allgemeine Schwäche, Störungen im Bereich der Nervenkommunikation, Muskelkrämpfe, Bewusstseinsstörungen.
Zuviel: Kopfschmerzen, Beinödeme (geschwollene Beine), Herzüberlastung, Bluthochdruck und damit verbundene Folgen (Herzinfarkt, Schlaganfall ...).

WOFÜR?

Eine wichtige Eigenschaft von Natriumcholrid ist die Bindung von Wasser im menschlichen Organismus, wodurch verhindert wird, dass der Körper austrocknet. Beide Mineralstoffe sorgen für einen ausgewogenen Wasserhaushalt vor allem außerhalb der Körperzellen sowie für deren Durchlässigkeit. Natrium ist mitverantwortlich für die Aufrechterhaltung des Säure-Basen-Haushaltes (Ausscheidung der beim Stoffwechsel anfallenden Säuren). Die Informationsübermittlung im Bereich der Muskel und Nerven ist ebenso dessen Aufgabe. Chlorid ist an der Bildung von Bestandteilen des Magensaftes (Salzsäure, Pepsin) beteiligt, und hilft somit bei der Verdauung und der Abwehr von Krankheitserregern im Magen-Darmtrakt.

WORIN?

Gemüse	Fett u. Öl	Käse, Fleisch- u. Wurstwaren
Obst	Fisch	Fisch u. Gemüse aus Konserve/Glas
Getreide	Fleisch	Selchwaren
Milch	Geflügel	Knabbergebäck
Topfen	Meeresfrüchte	Samen gesalzen
Ei	Brot	Nüsse und Kerne gesalzen
		Fertiggerichte

TIPP: Nahrungsmittel aus der grünen Zone zählen zu den Na-freien bzw. Na-armen Nahrungsmitteln (0-500 mg Na/100 g), jene der roten Zone zu den Na-reichen (500 bis über 1000 mg Na/100 g). Der natürliche Chloridgehalt stellt kein Problem dar.

Beachten Sie neben den versteckten Fetten auch das versteckte Salz, vor allem in Halbfertig- u. Fertiggerichten. Verwenden Sie den Salzstreuer bei Tisch – wenn überhaupt – erst nach dem Verkosten des Gerichtes! Zu geringe Flüssigkeitszufuhr von Schwerarbeitern und Spitzensportlern, lang dauerndes(r) Erbrechen und/oder Durchfall, können zu einem Mangel führen. Ein Großteil der sogenannten Zivilisationskrankheiten resultiert aus einem Zuviel an Fett und Salz durch die aufgenommenen Nahrungsmittel, bzw. einem Zuwenig an Bewegung. Durch vitale, gesunde Mischkost kann niemals ein Zuviel an Vitaminen oder Mineralstoffen aufgenommen werden!

Erdäpfel sind ernährungsphysiologisch gesehen eines der wertvollsten (und dabei preisgünstigsten) Nahrungsmittel, das heimische Landwirte produzieren. Sie weisen einen äußerst geringen Fettgehalt (40 kg Erdäpfel gekocht enthalten gleich viel Fett wie 100 g Erdäpfelchips) jedoch reichlich Kohlenhydrate und Eiweiße auf. Vitamine, vor allem der B-Gruppe, sind neben Eiweiß ebenso enthalten. Bevorzugen Sie Früchte aus kontrolliertem biologischen Landbau. Verschiedenste Sorten bieten eine beinahe unbegrenzte Verwendungsmöglichkeit in der Küche. Probieren Sie doch einmal als Hauptgericht oder Beilage **Folgendes:** Kraut- und Kohlstreifen, Würfel von Erdäpfeln, Karotten, gelbe Rüben, Sellerie, Zwiebeln, Knoblauch (reichlich), Paradeiser, Kräuter u. Gewürze nach Belieben, Pfeffer (Mühle), Saft von 2 Zitronen (und etwas Schale) mit etwas Olivenöl vermengt zugedeckt im Backrohr garen und zwischendurch mit etwas Weißwein untergießen. Mit reichlich frischer Petersilie bestreut ein kochsalzloser, mineralstoffreicher, vitaminhältiger und dabei kalorienarmer Zungenschnalzer! Falls notwendig, erst bei Tisch salzen. Ich bevorzuge Natursalz aus Österreich, da es die ursprünglichste Form von Salz darstellt.

REZEPT

ERDÄPFEL-LAUCH-KUCHEN

Zutaten: 0,5 kg Erdäpfel, 1 Stange Lauch, 4 Eier, Salz, Pfeffer aus der Mühle, Milch nach Bedarf
ZUBEREITUNG
Gekochte Erdäpfel in Würfel schneiden. Lauch gut waschen, vierteln und in gleichmäßig lange Streifen (Julienne) schneiden. Die Eier mit dem Schneebesen verquirlen, bei Bedarf etwas Milch zugeben. Alle Zutaten vermischen und mit Salz und Pfeffer abschmecken. In ausgebutterte Form füllen und im vorgeheizten Backrohr bei 180°C ca. 15 Minuten goldbraun backen.

PHOSPHOR: DAS ERBGUTMINERAL

Als Bestandteil der DNA und RNA (=Nukleinsäuren) wichtig für das menschliche Erbgut; zusammen mit Calcium wesentlicher Bestandteil von Knochen und Zähnen; Energiequelle des Körpers.

WIEVIEL?

700 mg/Tag, das sind ca.: 64 g Schmelzkäse, 110 g Steinpilze (getrocknet), 200 g Leber, 300 g Fisch, 350 g Fleisch oder 500 g Knoblauch
Zuwenig: ein Mangel ist sehr unwahrscheinlich, da fast alle Lebensmittel Phosphor enthalten. Ein Mangel äußert sich durch: Muskelschwäche, reduzierte Infektionsabwehr, Wachstumsstörungen, abnehmende Knochensubstanz.
Zuviel: verschlechterte Calcium-Aufnahme, möglicherweise Erkrankung der Nieren.

WOFÜR?

Phosphor findet sich als Baustein der Nukleinsäuren (enthalten genetische Informationen). Phosphorsaurer Kalk (Apatit) dient als Grundsubstanz der Knochen und Zähne. Zur Aufrechterhaltung optimaler Stoffwechselvorgänge ist ein ausgeglichenes Verhältnis von Säuren und Basen im menschlichen Organismus notwendig. Dieser sogenannte Säure-Basenhaushalt wird von Phosphor günstig beeinflusst, ebenso die Bildung der Zellwände. Phosphorverbindungen sind wichtige Energieträger. Ohne Phosphor könnte z.B. die aus der Verbrennung der Nahrung gewonnene Energie nicht in Muskelarbeit umgesetzt werden.

WORIN?

Schmelzkäse	Fisch	Wurst
Sellerie	Weizenkeime (getr.)	Fleisch
Knoblauch	Karotte	Steinpilz (getr.)
Hülsenfrüchte	Artischocke	Paradeiser
Käse	Nüsse	Kohl
Leber	Vollkornmehl	Milchprodukte

TIPP: Phosphor kommt - ähnlich wie Magnesium - in fast allen (vor allem eiweißreichen) Nahrungsmitteln vor. Bei den heutigen Ernährungsgewohnheiten wird wie bei Natriumchlorid meist zuviel Phosphor aufgenommen. Ein Grund dafür ist, dass in der Lebensmittelindustrie Phosphor vielseitig eingesetzt wird z.B. bei Schmelzkäse, Fleischerzeugnissen, Cola-Ge-

tränken, etc. ACHTUNG: zuviel Phosphor senkt die Aufnahme von Calcium (Calcium ist wesentlich für den Aufbau und die Erhaltung von Knochen und Zähnen) aus dem Darm.

Knoblauch: ist ein wahres Wundermittel der Natur und sollte bei keinem Gericht fehlen! Die geballte Ladung an Mineralstoffen, Eiweiß, Kohlenhydraten und Vitaminen (vor allem C, B, E), sowie der einzigartige Geschmack machen ihn schier unentbehrlich. In der Naturheilkunde wird seit jeher die antimikrobielle Wirkung (gegen Bakterien, Viren, Pilze) dieser Wunderzehen genutzt. Knoblauch enthält sekundäre Pflanzenstoffe und wirkt somit auch gegen freie Radikale.
Versuchen Sie doch einmal **Knoblauch pur**: eine ganze Knolle pro Person mit Olivenöl beträufeln, leicht gesalzen und gepfeffert (Mühle) in Alufolie hüllen. Im 180°C heißen Backrohr ca. 40 min. schmoren lassen. Die aus der Schale gedrückten Zehen auf getoastetes Weißbrot streichen und mit einem Glas kräftigen Rotwein aus dem Burgenland genießen. Übrigens: Vieles können Sie heimlich tun, aber nicht Knoblauch essen!

REZEPT

BUNTER LINSENSALAT

Zutaten für 4 Personen: 200 g Linsen, Gemüsebouillon, je eine rote und grüne Paprikaschote, 100 g Zucchini, Petersilie, 1 Knoblauchzehe, 2 EL Weißweinessig, 4 TL Pflanzenöl, 2 EL Joghurt (1 % Fett), Salz, Pfeffer und zum Garnieren: 1 rote Zwiebel, Schnittlauch
ZUBEREITUNG:
Linsen einweichen und in Gemüsebouillon kernig kochen, auskühlen lassen. Paprika in breite Streifen, Zucchini in halbe Scheiben schneiden und mit den Linsen vermengen. Petersilie fein hacken, Knoblauch pressen und mit den weiteren Zutaten eine Salatsauce zubereiten. Über die Linsen gießen, gut durchziehen lassen. Mit Zwiebelringen und Schnittlauchröllchen garnieren und kalt servieren. Tipp: Servieren Sie dazu Vollkornbrot!

S

WIEVIEL?

Niacin 13 - 16 mg/Tag, das sind 15 g Erdnüsse
Folsäure 400 µg/Tag, das sind 350 g gegarter Brokkoli, 150 g Sojasprossen
Pantothensäure 6 mg/Tag, das sind 300 g frische Champignons
Zuwenig: Müdigkeit, Depression, Schleimhautveränderungen im Verdauungstrakt, hoher Homocysteinspiegel (ungünstig für die Blutgefäße).
Zuviel: Gefäßerweiterung, Hautrötung, Hitzegefühl.

WOFÜR?

Niacin: beteiligt bei der Energiegewinnung im Körper; wichtig für Haut und Fingernägel
Folsäure: lebensnotwendig zur Bildung neuer Zellen (Blutbildung); bei genügender Versorgung geschmeidige Lippen, senkt gefäßschädigendes Homocystein
Pantothensäure: am Stoffwechsel aller Ernährungsbausteine beteiligt; wichtig für Haut und Haare, Vitalität, Konzentrationsfähigkeit, guter Schlaf, gegen Muskelkrämpfe, Bildung von Aminosäuren und Hormonen, Fettabbau

WORIN?

Niacin: Getreidevollkorn, Hülsenfrüchte, Pilze, Kartoffel, Fleisch, Germ, Tee, Sauerkraut, Milch, Ei
Folsäure: Spinat, Fenchel, Spargel, rote Rübe, Bäckergerm, Brokkoli, Sauerkraut, Kartoffel, Milch, Eier
Pantothensäure: Germ, Eigelb, Getreidevollkorn, Melone, Pilze, Sauerkraut, Milch, Vollkornprodukte, Hülsenfrüchte, Fisch, Fleisch, Leber

TIPP: Diese Vitamine sind wasserlöslich, hitzeempfindlich und säureempfindlich; daher kommt es beim Kochen zu einer Auslaugung in das Kochwasser. Verwenden Sie das Kochwasser, um Saucen damit zu strecken - somit kippen Sie die Vitamine nicht in den Abfluss.

Sauerkraut: Sauerkraut sollten Sie vor dem Zubereiten nicht wässern. Durch das Wässern gehen eine Menge Biostoffe verloren. Am gesündesten ist Sauerkraut, wenn Sie es roh verzehren. Probieren Sie einmal rohes Sauerkraut mit feingeschnittenem Stangensellerie, roten Zwiebeln, Knoblauch, gehackten Walnüssen, Honig, Essig, Kernöl, Salz, Pfeffer. Ein Gedicht! Wer es aber lieber gekocht mag, sollte es nur kurz köcheln lassen.

LINSEN-BOLOGNESE

3 TL Rapsöl, 1 Zwiebel gehackt, 2 Knoblauchzehen gepresst, 2 Karotte grob geraspelt,
2 Stk. Stangensellerie gehackt, 100 g rote Linsen, 1 großes Glas Tomaten, 2 TL
Tomatenmark, 450 ml Suppe, 1 TL Majoran, Salz u. schwarzer Pfeffer

ZUBEREITUNG:
- Öl in einem Topf erhitzen. Zwiebel, Knoblauch, Karotten und Sellerie ca. 5 Minuten unter
  Rühren andünsten.
- Linsen, Tomaten, Tomatenmark, Suppe, Majoran, Salz und Pfeffer in die Pfanne zum
  Gemüse geben.
- Alles zusammen aufkochen, den Deckel halb auflegen und ca. 20 Minuten köcheln
  lassen. Sauce mit Nudeln servieren.

Se

› SELEN (SE) - DER RADIKALENFÄNGER

Wirkt als Antioxidans gegen freie Radikale.

WIEVIEL?

30 - 70 μg/Tag. Wegen der großen Unterschiede des Selengehalts der Böden schwankt dieser in Lebensmitteln stark.

Zuwenig: Störungen der Muskelfunktion, Wachstumsverzögerungen, krankhafte Veränderungen der Skelettmuskulatur, der Gelenke, des Herzmuskels und der Herzkranzgefäße, Hauterkrankungen, Haar- und Nagelwuchsstörungen, erhöhter Blutzellverfall.

Zuviel, chronisch: brüchige Fingernägel, Haarausfall, Rötung, Schwellung, Blasenbildung und Juckreiz im Bereich der Haut, Blutarmut.

Zuviel, akut: allgemeine Vergiftungszeichen.

WOFÜR?

Selen gilt zusammen mit Vitaminen A, C, E und sekundären Pflanzenstoffen als Beschützer der Körperzellen (Antioxidans). Als Bestandteil des Enzyms Glutathionperoxydase sorgt es dafür, freie Radikale abzufangen und unschädlich zu machen. Gemeinsam mit Vitamin E verhindert es die Oxidation von Fetten. Selen trägt zur Entgiftung des Körpers bei. Es bindet giftige Schwermetalle, die über die Verdauung ausgeschieden werden: etwa Blei (Autoabgase, alte Wasserleitungen), Cadmium (Raucher) und Quecksilber (aus Amalgamfüllung und Fischen aus belasteten Gewässern). Selen stärkt das Immunsystem und schützt gegen die Beschleunigung von Alterungsvorgängen. Außerdem soll es vor Krebs und Herzinfarkt schützen.

WORIN?

Niere	Linsen	Paradeiser	Petersilie
Fleisch	Kraut	Erdäpfel	Getreide
Fische	Rüben	Champignon	Samen
Sojabohnen	Spinat	Knoblauch	Nüsse
Reis	Spargel	Zwiebel	

› **TIPP:** Beobachtet wurde der Zusammenhang zwischen Selen und Krebs: Je höher der Selengehalt der Böden und damit die Selenzufuhr mit der Nahrung, desto seltener tritt Krebs auf. Vorsicht ist jedoch bei einer zu hohen Aufnahme von Selen geboten, denn positive und negative Wirkung liegen sehr nahe beieinander. Orientieren Sie sich an Paracelsus: „Alle Dinge sind Gift und nichts ist ohne Gift. Allein die Dosis macht, dass ein Ding kein Gift ist."

Spargel wird auch „Kaisergemüse" genannt. Wie den Muscheln wird ihm aphrodisische Wirkung nachgesagt. Der gesundheitliche Wert zeichnet sich durch geringen Kaloriengehalt, hohem Anteil an Ballaststoffen, Vitaminen und Mineralstoffen aus. Die enthaltene Zitronen- und Apfelsäure trägt durch ihre harntreibende Wirkung zur Entwässerung des Körpers bei. Der über der Erde wachsende Grünspargel bildet gegenüber dem weißen Spargel fast doppelt soviel Vitamin C und Provitamin A aus. Er ist geschmacksintensiver und muss nicht geschält werden - die holzigen Enden einfach wegbrechen.

Gerösteter grüner Spargel: Schneiden Sie von 100 dag Spargel die Köpfe ab und den Rest in dünne Scheibchen. Erhitzen Sie ein Gemisch aus Butter und Rapsöl. Zuerst die Köpfe kurz anschwitzen, danach die Scheibchen zugeben. Salzen, pfeffern (Mühle) und gut durchschwenken. 8 gehäutete, entkernte und kleingeschnittene Paradeiser, 12 feingehackte Knoblauchzehen beigeben, mit einem Schuss südsteirischen Weißburgunder untergießen und bissfest schmoren. Bestreuen Sie dieses duftende Gericht erst am Teller mit frischem Basilikum und feingehobeltem Parmesan. Vergessen Sie nicht den übriggebliebenen Weißburgunder und die entstehende Sinnlichkeit zu genießen!

REZEPT

ERDÄPFELSALAT MIT SPARGEL

Zutaten: 750 g kleine Erdäpfel, 500 g weißer Spargel, je 1 Bund Petersilie und Dille, 1 Zwiebel, 1 Knoblauchzehe, 2 EL Balsam-Essig, 4 EL Weißwein-Essig, 5 EL Gemüsesuppe, 5 EL Öl, 200 g Kirschparadeiser, 200 g Champignons, Salz, Pfeffer (Mühle).

ZUBEREITUNG
Erdäpfel kochen, schälen und längs in dünne Spalten schneiden. Spargel schälen, die holzigen Enden abschneiden. Stangen in Stücke schneiden. Spargel in kochendem Salzwasser 8 - 10 Minuten kochen. Dille und Petersilie fein schneiden. Zwiebel und Knoblauch fein hacken mit Essig, Suppe, Salz, Pfeffer, Öl gut verrühren und die Erdäpfelspalten sowie die Spargelstücke damit 30 Minuten marinieren. Paradeiser halbieren, Champignons in dünne Scheiben schneiden, untermischen und abschmecken.

SP

Gesundheit aus der Natur.

WIEVIEL?

Die verschiedenen sekundären Pflanzenstoffe kommen in der Natur immer gemischt vor. Rotweinkapseln oder Ananastabletten haben nicht den gleichen Gesundheitseffekt, da in diesen die natürliche Vielfalt fehlt. Zudem schmecken sie in ihrer Naturform um ein Vielfaches besser. Bei Mischkost nehmen Sie täglich 1,5 g auf. Schon in dieser geringen Dosis entfalten diese zur Zeit bekannten 60.000 bis 100.000 sekundären Pflanzenstoffe ihre Wirkung.

WOFÜR?

Sekundäre Pflanzenstoffe senken den Blutdruck und Cholesterinspiegel, stellen sich Bakterien, Viren und Pilzen in den Weg, sie machen freie Radikale unschädlich (aggressive Moleküle, die u.a. die menschliche Erbsubstanz schädigen), sie beugen Krebs und Herz-Kreislauferkrankungen vor, sie stärken das Abwehrsystem, hemmen Entzündungen, regulieren den Blutzuckerspiegel und fördern die Verdauung.

WORIN?

Wenn Sie sich bei Ihrer täglichen Nahrungsaufnahme an die „Ampelregel" halten, hat Ihre Gesundheit freie Fahrt! Essen Sie täglich farbintensives Obst und Gemüse:

ROT: Paradeiser, Rote Rübe, Apfel, Traube

GELB: Karotte, Mais, Marille, Ringlotte

GRÜN: Brokkoli, Grünkohl, Kohl, Petersilie, Mangold, Fisole

Um eine optimale Zufuhr zu gewährleisten, sollten Sie reichlich Vollkornerzeugnisse, Erdäpfel, Hülsenfrüchte, Gemüse und Obst essen. Gesunde, vitalstoffreiche Ernährung - viel pflanzliche Kost, täglich eher magere Milchprodukte, einmal wöchentlich Fisch und 2 bis 3 mal mageres Fleisch, pflanzliche Fette (Raps-, Oliven-, Kernöl usw.) in geringer Menge - sowie ausreichende Flüssigkeitszufuhr und viel Bewegung in freier Natur, sind Ihr Beitrag zur Gesund- und Jungerhaltung Ihres Körpers. Bei ausgewogener Ernährung nach diesen Grundsätzen nehmen Sie automatisch viele sekundäre Pflanzenstoffe zu sich!

> **TIPP:** Regional, saisonal, biologisch sind die optimalen Voraussetzungen für höchste Werte an Vitalstoffen in LEBENsmitteln. Dieser Ursprung garantiert ausreichend Vital-stoffe. Sie sind in dieser Form für den menschlichen Organismus leicht verwertbar. Kein Vitaminpräparat aus der Produktpalette der Nahrungsergänzungen kann da mithalten. Erst unmittelbar vor der Zubereitung Gemüse und Obst zerkleinern. Um den Verlust von Vital-stoffen gering zu halten, sind kurze Garzeiten in geringer Flüssigkeitsmenge empfehlens-wert. Der Dampfgarer ist dazu bestens geeignet. Manche der SP werden erst durch Kochen bioverfügbar (siehe Vitamin A). Genießen Sie trotzdem auch immer wieder rohes Obst und Gemüse, wenn Sie es gut vertragen. Das Beste steckt in der Schale! Also Äpfel nicht schälen, die weiße Haut von Zitrusfrüchten mitessen, Wurzelgemüse nur kurz bürsten und Vollkorngetreide verwenden. Sekundäre Pflanzenstoffe sind natürliche Inhaltsstoffe von Obst, Gemüse, Hülsenfrüchten und Getreide. Sie verleihen diesen Aroma, Duft und Farbe, dienen als Wachstumsregulatoren und bieten Schutz gegen Schädlinge und Krankheiten. Sie haben für den Menschen gesundheitsfördernde Wirkungen z.B. als Vorbeugung gegen Krebs und Herz-Kreislauferkrankungen.

REZEPT

RISOTTO AL VINO NOBILE O BRUNELLO (ROTWEINRISOTTO)

Zutaten für 4 Personen: 1,5 l Wasser, 50 g Butter, 1 kl. Zwiebel, 250 g Arborio oder Vialone Reis superfino, 300 ml Vino Nobile oder Brunello, 1 - 2 EL Parmesan frisch gerieben, Salz, Pfeffer schwarz (Mühle)

ZUBEREITUNG
Bringen Sie 1,5 l Wasser zum Kochen. In einem Topf 50 g Butter zergehen lassen und darin eine kleine, fein geschnittene Zwiebel 3 Minuten anschwitzen. Darin den Reis 3 Minuten glasig werden lassen. Mit 300 ml Vino Nobile oder Brunello (toskanische Rotweine) ablö-schen, einkochen lassen, salzen und pfeffern (Mühle). Bei mittlerer Hitze unter stetigem Rühren fortlaufend etwas kochendes Wasser zugeben, bis der Reis „al dente" ist. Schme-cken Sie dieses einfache und wohlschmeckende Gericht aus der Toskana nach Belieben mit Salz und Pfeffer ab. Vergessen Sie nicht, noch frisch geriebenen Parmesan darunter zu mengen, Ciabatta zu reichen und den verbliebenen Wein gerecht aufzuteilen. Tipp: Das Risotto ist auch für Kinder geeignet, da sich der Alkohol des verwendeten Weines beim Kochen verflüchtigt. Das von mir hin und wieder beschriebene Glas (Rot-)Wein beinhaltet viele sekundäre Pflanzenstoffe, welche sich aber auch im Traubensaft finden.

HOMMAGE AN DIE ROTE RÜBE, ROTE ROHNE, RAUNA, ROTE BEETE

Rote Rüben zählen zu den Gänsefußgewächsen. Verwandt sind sie mit Mangold, Zucker- und Futterrübe. Dieses Gemüse ist dank seiner guten Lagerfähigkeit das ganze Jahr erhältlich. Die neue Ernte gibt es dann jeweils ab Mai. Die Rüben sind reich an Vitalstoffen. Der sekundäre Pflanzenstoff Betanin – das wunderschöne Rot dieser Rüben – ist ein hochpotentes Antioxidans. Die Vitamine der B-Gruppe, Vitamin C und Folsäure sowie die Mineralstoffe Kalzium, Phosphor, Kalium, Magnesium und Eisen finden sich in optimaler Zusammensetzung.

Grundsätzlich nehmen Pflanzen auf natürlichem Wege die optimale Dosis des im Boden von Haus aus vorkommenden Stickstoffs in Form von Nitrat auf und bauen dieses durch die Einwirkung der Sonne in Proteine um. Wintergemüse wie Rote Rüben, Rucola, Spinat, Radicchio aber auch Kohl sind mangels Sonnenlicht auf natürliche Weise reicher an Nitrat. Die konventionelle Landwirtschaft verwendet Kunstdünger. Dieser führt nachweislich zu unnatürlich hohen Nitratwerten in Böden, Pflanzen, Gewässern und somit in der Nahrungskette. Künstlich mehr heißt nicht unbedingt besser, meint der Verfasser.

In biologisch angebautem Gemüse ist der Nitratgehalt von der Natur vorgegeben. Wie Nitrat im Körper wirkt, ist ziemlich junges Wissen: Etwa 25 Prozent des mit dem Genuss der Roten Rübe aufgenommenen Nitrats wird im Mund von Bakterien in Nitrit umgewandelt. Nitrit geht beim Verdauungsvorgang ins Blut über und regt die Bildung von Stickstoffmonoxid (NO) an. NO ist einer der potentesten Blutverdünner. Es weitet die Gefäße, verbessert somit die Durchblutung, wirkt Bluthochdruck entgegen und vermindert die Verklumpung der Blutplättchen. Die Versorgung mit Sauerstoff und Nährstoffen verbessert sich - ganz wichtig beim Sport! Zusätzlich wird Stickstoffmonoxid eine antibakterielle und antikariöse Wirkung nachgesagt.

Reichlich dazu nachzulesen gibt es auf der Homepage der oberösterreichischen Firma Voglsam (http://www.fitrabbit.com/). Die machen einen gar vorzüglichen Bio-Sportdrink aus der Roten Rübe.

RISOTTO VON DER ROTEN RÜBE

Ein ganz wunderbares Gericht zum Thema ist Ullis Risotto von der Roten Rübe (alle
Zutaten wie immer in bester biologischer Qualität):
Zutaten für 2 Personen:
1 mittelgroße, rohe Rote Rübe, ein Stück vom Muskatkürbis (ca. im Gewicht der Roten
Rübe), 1 Stengel Stangensellerie, ½ Petersilienwurzel, 1 kl. Bund Petersilie, ½ Stange
Lauch, 1 Becher Risottoreis, 3 – 4 Knoblauchzehen, ca. 250 ml Grüner Veltliner,
ca. 600 ml Gemüsesuppe (noch besser: 1 Glas Kalbsfond + ca. 400 ml Suppe), etwas
Krenwurzel

ZUBEREITUNG
Kürbis schälen, Stangensellerie und Petersilienwurzel in Stücke schneiden. Die Rote
Rübe schälen und reiben. Lauch in Olivenöl anschwitzen. Risottoreis beigeben und
etwas mitrösten, dann das Gemüse hinzufügen. Knoblauch blättrig schneiden und rein
damit. Mit Wein ablöschen. Mit Salz, Pfeffer, Chilli und etwas Kümmel würzen - nach
Belieben auch etwas Muskatnuss. Mit Suppe und Fond nach und nach (!!!) aufgießen.
Petersilienstängel klein schneiden und daruntermischen. Alles bissfest köcheln lassen –
dabei immer wieder durchrühren.
Zum Abschluss ein Stück Butter und Obers zugeben und 5 Minuten ziehen lassen.
Frisch geriebenen Kren daruntermischen und mit den geschnittenen Petersilienblättern
garnieren.

Genießen Sie Ihr farbenfrohes
Risotto mit einem Stück kross
gebratenem Karpfenfilet und einem
kräftigen Weißwein (Veltliner Alte
Reben, Weißburgunder, Morillon ...)
oder Orange Wine.

V

> **VERZEHRSEMPFEHLUNGEN**

Wählen Sie täglich aus den Gruppen 6 - 3, wöchentlich Fleisch, Fisch, Wurst und Ei, sparsam Streichfette, Obers, Rahm ... wohl dosiert auch Alkohol.

SELTEN: FETTES, SÜSSES, SALZIGES, ALKOHOL

WÖCHENTLICH: FLEISCH(-PRODUKTE), FISCH, EIER

SPARSAM: STREICHFETTE, OBERS, RAHM

TÄGLICH: MILCHPRODUKTE, HOCHWERTIGES PFLANZL. ÖL

TÄGLICH: GETREIDE UND ERDÄPFEL

TÄGLICH: GEMÜSE, HÜLSENFRÜCHTE UND OBST

TÄGLICH: UNGEZUCKERTE, ALKOHOLFREIE GETRÄNKE

FÜR JEDEN TAG

6 PORTIONEN

1 Portion sind 1/4l: Wasser, Mineralwasser, ungezuckerte Früchte-/Kräutertees oder verdünnte Obst- und Gemüsesäfte. Der Flüssigkeitshaushalt passt, wenn der Harn blassgelblich ist (ausgenommen Morgenharn).

5 PORTIONEN

Davon täglich 3 x Gemüse, 2 x Obst - dabei entspricht eine Portion der Größe der geballten Faust.

4 PORTIONEN

Wähle täglich Deine 4 Portionen aus z.B.: 1 Handfläche Brot (fingerdick), 1 Handvoll Getreideflocken, 2 Fäuste Erdäpfel, 2 Fäuste Nudeln (gekocht), 2 Fäuste Reis (gekocht).

3 PORTIONEN

Täglich 3 Portionen aus z.B.: 1 Becher Joghurt / Buttermilch (ca. 200 ml), 1 Faust Hüttenkäse, 2 handflächengroße, dünne Käsescheiben.

Eine Portion sind 1 EL pflanzl. Öl und 2 EL Nüsse oder Samen.

1 PORTION

Täglich 1 Portion Fisch (handtellergroß, fingerdick) oder 1 Portion Fleisch (handtellergroß, fingerdick) oder bis zu 3 handtellergroße, dünne Scheiben Wurst oder 1 Ei.
Empfohlen: Fleisch max. 3 x / Woche, Fisch 1 bis 2 x / Woche, Ei 3 x / Woche.

SELTEN

Fett-, zucker- und salzreiche Lebensmittel sowie energiereiche und alkoholische Getränke selten, jedoch mit Genuss und ohne schlechtem Gewissen genießen.

Lebensmittel sind „NÄHRSTOFFPAKETE" mit unterschiedlichem Inhalt: Kohlenhydrate, Fette, Eiweiß, Vitamine, Mineralstoffe, Wasser und Duft-, Farb- und Geschmacksstoffe.
Nur die drei Hauptnährstoffe Kohlenhydrate, Fett und Eiweiß liefern Energie:

1 Gramm Eiweiß	ca. 4 kcal /17 kJ	1 Gramm Alkohol	ca. 7 kcal /30 kJ
1 Gramm Kohlenhydrate	ca. 4 kcal /17 kJ	1 Gramm Fett	ca. 9 kcal /39 kJ

Eine Kilokalorie (kcal) ist jene Energiemenge, die nötig ist um 1 Liter Wasser um 1° (von 14,5°C auf 15,5°C) zu erwärmen. (1 kcal = 4,186 kJ)

500 KCAL (2092 KJ) SIND:

1 Bratwurst	2 Kornweckerl mit Hüttenkäse
1 gebackene Hühnerkeule	6 Becher Joghurt, 1%ig
1 Big Mac	500g Cottage Cheese 20%
2 Flaschen Bier	12 Stück Gurken
5 Gläser Rotwein	45 Karotten
5 Rippen Milchschokolade	200 Stück Erdbeeren

KOHLENHYDRATE ODER SACCHARIDE

Kohlenhydrate (KH) oder Saccharide sind ein Sammelbegriff für alle Zucker- und Stärkearten und kommen vor allem in pflanzlichen Nahrungsmitteln vor. Man unterscheidet zwischen Einfach-, Zweifach- und Mehrfachzuckern (Mono-, Di-, Polysaccharide). Zu den Einfachzuckern zählen Glucose (Traubenzucker), Fructose (Fruchtzucker) und Galactose (Bestandteil des Milchzuckers), die in Obst, Gemüse und Honig sowie Milch enthalten sind.

Zu den Zweifachzuckern rechnet man Saccharose (weißer Zucker aus Rüben oder Zucker-rohr), Maltose (Malzzucker) sowie Laktose (Milchzucker). Diese sind in Obst, Gemüse, Haus-haltszucker, Bier, Malzzuckerl sowie in Milch und Milchprodukten enthalten. Zu den Mehr-fachzuckern gehören vor allem Stärke und Ballaststoffe, sowie Dextrine (Abbauprodukt der Stärke) und Glykogen (tierische Stärke). Diese sind enthalten in Obst, Gemüse, Getreide, Erdäpfel, Hülsenfrüchten, Samen, Brot, Gebäck, Zwieback und in Leber oder Muskelfleisch. Kohlenhydrate sollten 50 bis 55 % der täglichen Nahrungsenergie ausmachen und vorzugs-weise aus der Gruppe der Mehrfachzucker stammen. Pro Tag sollten ca. 300 g KH (normal-gewichtige Person) verzehrt werden: sind enthalten in 400 g Vollkornmehl, 400 g Maisgrieß (Polenta), 400 g Reis (roh), 400 g Spaghetti (roh), 800 g Roggenbrot, 600 g Linsen (trocken), 2000 g Erdäpfel, 1200 g Knoblauch.

ZUCKERVERSTECKE

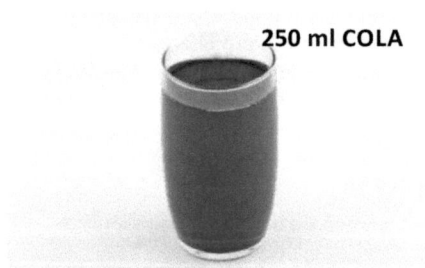

250 ml COLA

ca. 7 Stk. Würfelzucker

500 g CORN FLAKES

ca. 57 Stk. Würfelzucker

250 g GUMMIBÄREN

ca. 60 Stk. Würfelzucker

1,5 l FRUCHTSAFTGETRÄNK

ca. 39 Stk. Würfelzucker

250 ml EISTEE

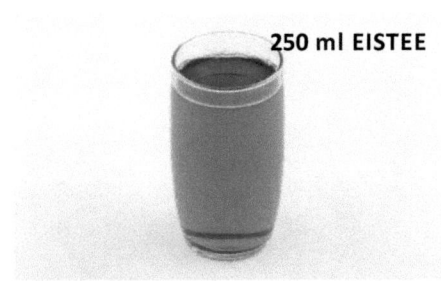

ca. 7 Stk. Würfelzucker

4 X 100 ml „VERDAUUNGSWUNDER"

ca. 12 Stk. Würfelzucker

100 g SCHOKOLADE

(ca. 19 Stk. Würfelzucker

1 TL NUSS-NOUGAT-CREME

ca. 2 Stk. Würfelzucker

400 g NUSS-NOUGAT-CREME

ca. 58 Stk. Würfelzucker

1 kg KETCHUP

ca. 53 Stk. Würfelzucker

1 „ENERGIE"-RIEGEL

ca. 10 Stk. Würfelzucker

BALLASTSTOFFE

Ballaststoffe (BS) sind unverdauliche Kohlenhydrate und Teil der pflanzlichen Nahrung (Obst, Gemüse, Getreide). Ballaststoffe liefern keine zusätzlichen Kalorien (werden wieder ausgeschieden), sind aber für die Verdauung extrem wichtig. Ballaststoffe binden auch Gift- und Schadstoffe. Ballaststoffe sind kein Ballast!

Man unterscheidet lösliche (z.B. Pektin) und unlösliche Ballaststoffe (z.B. Zellulose). Die unlöslichen Ballaststoffe binden viel Wasser, quellen dadurch und füllen den Darm. Sie verkürzen die Passagezeit (Zeitdauer zw. Nahrungsaufnahme und Ausscheidung), wodurch u.a. das Darmkrebsrisiko gesenkt wird. Die löslichen Ballaststoffe sind in der Lage Gallensäuren (Bestandteil des Cholesterins) zu binden und auszuscheiden. Der Cholesterinspiegel kann dadurch nachweislich gesenkt werden!

Reich an löslichen Ballaststoffen sind Äpfel und Haferkleie; reich an unlöslichen Ballaststoffen die meisten Gemüsearten, Trockenfrüchte, Vollkornprodukte sowie Weizenkleie. Die empfohlene Zufuhr pro Tag sollte mindestens 30 g betragen (100 g Kleieflocken = 33 g BS, 100 g Apfel = 2 g BS).

WICHTIGE KOHLENHYDRATE UND BALLASTSTOFFE:

Obst	Gemüse	Trockenfrüchte
Milchprodukte	Hülsenfrüchte	Samen und Getreide
Vollkornprodukte	Erdäpfel	Fleisch
Brot	Gebäck	Fisch

EIWEISS (AMINOSÄUREN)

Eiweiß ist neben Wasser der wesentlichste Baustein des Körpers - es ist die Grundsubstanz aller Zellen und Flüssigkeiten. Etwa 20 verschiedene Aminosäuren (AS) sind bekannt. Neun gelten als unentbehrlich, da ohne sie kein Körpereiweiß gebildet werden kann. Sie müssen mit der Nahrung zugeführt werden. Von großer Bedeutung ist dabei die biologische Wertigkeit. Sie gibt an, wieviel Nahrungseiweiß in Körpereiweiß umgebaut werden kann. Besonders hohe Wertigkeit weisen Kombinationen aus Getreide + Milch + Ei + Fisch/Fleisch, Erdäpfel + Ei + Milch + Fisch/Fleisch, Hülsenfrüchte + Getreide sowie Erdäpfel + Paradeiser/Käse auf. **Ideal:** 2/3 pflanzlicher, 1/3 tierischer Herkunft. Die optimale Zufuhr für normalgewichtige Erwachsene beträgt etwa 60 g/Tag. Diese sind enthalten in ca. 300 g Linsen getrocknet oder Kürbiskernen, 400 g Amaranth („Inkakorn") oder Speisekleie.

WICHTIGE AMINOSÄUREN:

Milchprodukte	Hülsenfrüchte	Soja
Erdäpfel	Vollkornprodukte	Getreide
Samen	Keime	Fleisch
Eier	Nüsse	Fisch

FETTE

Man unterscheidet **gesättigte, einfach ungesättigte** und **mehrfach ungesättigte** Fettsäuren. Gesundheitlich besonders wertvoll sind Fette mit einfach oder mehrfach ungesättigten Fettsäuren. Diese sind - außer den Omega-3-Fettsäuren des Fischöls - pflanzlichen Ursprungs. Tierische Fette (Butter, Schmalz) sowie Kokosfett und auch Palmöl enthalten hauptsächlich gesättigte Fettsäuren. Chemisch-thermisch veränderte Fette (z.B.: Margarine, gehärtete Fette in Fertigprodukten aller Art, ...) weisen einen hohen Anteil an Transfettsäuren auf, die ebenso wie ein zuviel an gesättigten Fettsäuren, unter anderem für Erkrankungen der Blutgefäße verantwortlich gemacht werden. Fette haben wichtige Aufgaben: Energielieferant, Bau- und Vorratsstoffe, Träger von Geschmacks- und Aromastoffen, Lieferant von Fettsäuren, Träger der fettlöslichen Vitamine und als Schutzfunktion (Organe, Wärmeverlust, Haut).
Bei normalgewichtigen Personen sollte der Fettanteil max. 25 - 30% der täglichen Nahrungsenergie (60 - 75 g/Tag) ausmachen (= 600 g 1 %iges Joghurt, 200 g Leberkäse, 200 g Emmentaler, 200 g Schokolade, 180 g Erdäpfelchips).

WICHTIGE FETTSÄUREN

Rapsöl	Leinöl	Kernöl
Olivenöl	Sonnenblumenöl	Nussöle

Produkte mit Palmöl sollten Sie meiden. Palmöl hat einen hohen Anteil an gesättigten Fettsäuren. Für den industriellen Anbau werden große Flächen Regenwald gerodet und Kleinbauern vertrieben.

Mehrfach ungesättigte Fettsäuren sind essentiell (lebensnotwendig, von außen zuzu-führen) und finden sich reichlich in pflanzlichen Fetten und im Fett von Fischen. Wichtige mehrfach ungesättigte Fettsäuren sind die Linolsäure (in Sonnenblumenöl, Maiskeimöl, Weizenkeimöl, Distelöl) und die Linolensäure (in Leinöl, Portulak und Fettfischen).

Merke:

Gesättigte Fettsäuren (besonders in Produkten tierischer Herkunft) erhöhen das „schlech-te" Cholesterin (LDL), während ungesättigte Fettsäuren dazu beitragen dieses zu senken und gleichzeitig den Anteil des guten Cholesterins (HDL) erhöhen.
Vor allem fette Käse- und Wurstsorten tragen zu einer höheren Gesamtfettaufnahme bei. Reduzieren Sie bei der Nahrungsaufnahme diese Lebensmittelgruppen und steigen Sie auf Fette mit einfach und mehrfach ungesättigten Fettsäuren um. Rapsöl (Olivenöl des Nordens) ist bestens zum Kochen geeignet (siehe Vitamin E)!

WIE KOCHT MAN FETTARM?

Die Zubereitungsart sollte so gewählt werden, dass der Eigengeschmack der Nahrungs-mittel hervorgehoben, aber nicht überdeckt wird. Um Speisen geschmacklich abzurunden, können Sie Küchenkräuter und Gewürze, Zwiebel und Knoblauch verwenden. Ein Grund-prinzip der modernen Küche lautet: „Würzen statt Salzen!"
· Gemüse in wenig Kochwasser oder Suppe dämpfen oder dünsten (Siebeinsatz oder bes-ser Dampfgarer verwenden), mit Kräutern und Gewürzen verfeinern. Zum Binden können Sie Erdäpfel oder Brotrinde mitkochen.
· Erdäpfel, Reis, Teigwaren möglichst ohne Fettzugabe kochen.
· In Anlehnung an die südländische Küche können aus Gemüse in Kombination mit Teig-waren, Reis oder Erdäpfel geschmackvolle Risotti, Aufläufe, Nudelgerichte und Eintöpfe entstehen.
· Zum Binden eignen sich auch Magermilch, Paradeismark oder püriertes Gemüse.

SALATMARINADEN

Bei Öl/Essigmarinaden nur ein EL Öl pro Portion.
Salatmarinaden mit Kräutern, Senf und Gewürzen abrunden.
Joghurt- oder Buttermilchdressing mit Zitronensaft zubereiten.

RINDS-, GEFLÜGEL- UND KNOCHENSUPPEN

Sollten klar und fettaugenfrei sein. Als Einlage eignen sich Nudeln, Gemüse, Reis und Brot.

GEMÜSESUPPEN
Können Sie pürieren anstatt zu stauben. Reduzieren Sie die Zugabe von Rahm oder Obers.

FISCH
Pochiert, gedünstet, in Folie gegart, gegrillt, auf dem Rost oder in einer beschichteten Pfanne gebraten und mit Zitronensaft und Kräutern verfeinert. Die 3-S-Regel für Fisch: säubern, säuern, salzen.

FLEISCH ODER GEFLÜGEL
Gekocht, in der Folie oder im Römertopf gegart, gegrillt oder in einer beschichteten Pfanne gebraten. Fett unter der Geflügelhaut mit einem scharfen Messer vor dem Garen entfernen. Nach dem Braten: den Bratensaft entfetten, mit Wein und/oder Gemüsesuppe aufgießen, sichtbares Fett wegschneiden.

SAUCEN
Nur „stauben" oder mit püriertem Gemüse, geriebenen rohen Erdäpfeln oder Paradeismark binden.

❯ TIPP:
Probieren Sie doch einmal eine **kalte Sauce** zu Fleischgerichten. Statt Mayonnaise verwenden Sie Magertopfen und Joghurt (1%) oder Buttermilch mit vielen Kräutern, Knoblauch, Kren, Paradeismark, Tabasco, Curry ... ein wahres Gedicht!

FETTQUELLEN:
38% der zugeführten Fette stammen aus offensichtlichen Fettquellen wie Butter, Speiseöle, Fettrand bei Fleisch und Schinken, etc.

62% der zugeführten Fette stammen aus versteckten Fettquellen wie Milch und Milchprodukte, Fleisch, Wurst, Fisch, Eier, Süßes, Mehlspeisen, Nüsse, Samen, etc.

FETTVERSTECKE

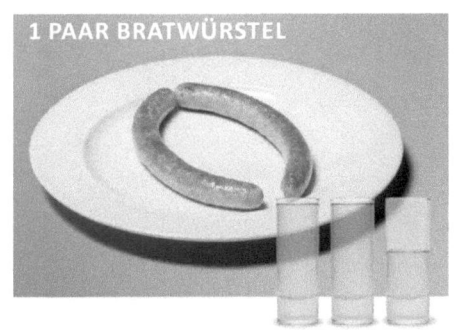

1 PAAR BRATWÜRSTEL

1 BURENWURST

100 g EXTRAWURST

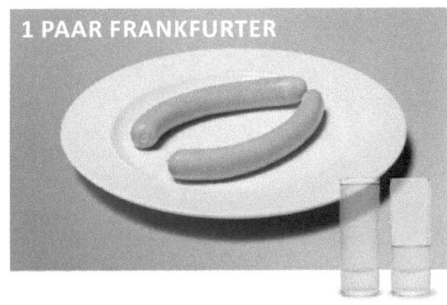

1 PAAR FRANKFURTER

1 LEBERKÄSSEMMEL

400 g NUSS-NOUGAT-CREME

1 PORTION POMMES

1 SALAMIPIZZA

100 g SALAMI

1 WIENER SCHNITZEL (KALB)

100 g SCHOKOLADE

1 TOPFENGOLATSCHE

KALORIENVERGLEICHE

27 g Fett

6 g Fett

427 kcal

47 g Fett

15 g Fett

762 kcal

63 g Fett

19 g Fett

970 kcal

30 g Fett

11 g Fett

524 kcal

6,5 g Fett

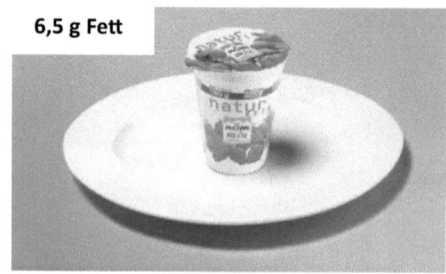

2,5 g Fett

243 kcal

> VITAMINERHALTUNG

REGELN FÜR DIE VITAMINERHALTUNG IN DEN NAHRUNGSMITTELN

LAGERUNG

Um Vitamine in den Nahrungsmitteln zu erhalten, müssen Nährstoffe geschont werden. Bereits bei der Lagerung beginnen Prozesse, welche die Vitamine in den Nahrungsmitteln deutlich reduzieren. Blattgemüse (Spinat, Häuptelsalat, ...) ist besonders empfindlich. Bereits nach zwei Tagen im Kühlschrank verliert es 1/3 seines Vitamingehaltes. Noch schlechter ist die Lagerung bei Zimmertemperatur.

· Welken beschleunigt den Vitaminabbau.
· Gemüse vor dem Austrocknen schützen (auch im Kühlschrank).
· Kühl, dunkel und luftig aufbewahren (nicht länger als nötig).
· Überladen Sie den Kühlschrank nicht, somit kann die Luft zirkulieren und alle Lebensmittel ausreichend kühlen.
· Lagern Sie nur frische Lebensmittel ein.
· Tauen Sie den Kühlschrank regelmäßig ab, und waschen ihn mit Essigwasser aus.
· Achten Sie beim Einkauf auf das Mindesthaltbarkeitsdatum. Bevorzugen Sie regionale und saisonale Produkte, vorzugsweise aus kontrolliertem biologischem Anbau.

DIE RICHTIGE VERPACKUNG

· Butterpapier für Käse und Wurstwaren.
· Frischhaltebeutel für Kräuter, Blattsalate, Fleisch und Fisch.
· Gemüse und Obst in den entsprechenden Kühlschrankzonen aufbewahren.
· Wollen Sie Kräuter einfrieren? Machen Sie Kräuter-Eiswürfel!

VORBEREITUNG

Auch bei der Verarbeitung von Lebensmitteln kann es zu bedeutenden Vitalstoffverlusten kommen. So fließen Vitamine und Mineralstoffe davon bzw. verflüchtigen sich ätherische Öle, wenn Nahrungsmittel zu früh geschält, geputzt, zerkleinert und eingewässert werden.

· Nahrungmittel kurz vor der Zubereitung in kaltem Wasser mit der Schale waschen.
· Nahrungmittel erst vor der Verwendung zerkleinern.
· Nahrungmittel nicht im Wasser liegen lassen.

VERARBEITUNG - KOCHEN

· In kochendes Wasser geben.
· So kurz wie möglich kochen.
· Mit wenig Flüssigkeit garen - der Dampfgarer ist bestens geeignet.
· Die Kochflüssigkeit weiter verwenden.
· Mehrmaliges Aufwärmen vermeiden.
· Mit Frischkost ergänzen (z.B. frische Kräuter).

· Obst und Gemüse - wenn möglich - ungeschält verzehren.
· Essig (z.B. in Salatmarinade) verzögert den Vitaminabbau.
· Geschirr von Spülmittel völlig säubern, da dieses Vitamine zerstört.

ANTIOXIDANTIEN - DIE KLEINEN KÄMPFER

Vitamine A, E, C, sekundäre Pflanzenstoffe (Carotinoide, ...) und der Mineralstoff Selen werden auch Antioxidantien genannt. Sie reduzieren im Körper aggressive Atome und Moleküle, die sogenannten freien Radikale. Freie Radikale zerstören bzw. verändern Körperzellen und schwächen das Immunsystem.

DIE GEFAHR DER FREIEN RADIKALE

Freie Radikale entstehen bei normalen Stoffwechselvorängen im Körper, aber auch durch äußere Einflüsse. Erhöhter Alkoholkonsum, Zigarettenrauch, UV-Licht und Ozoneinwirkungen, etwa beim Sonnenbaden, durch Medikamente und Umweltgifte. Psychische Belastung, Stress und Ängste fördern ebenfalls die Entstehung von freien Radikalen.
Wenn folgende Lebensmittel auf Ihrem täglichen Speiseplan stehen, bekommt Ihr Körper genügend Radikalfänger:
Rotes und gelbes Obst, insbesondere Beeren, Kirschen, Marillen, Melonen, Zitrusfrüchte und Äpfel. Gemüse mit kräftig rotem und gelbem Fruchtfleisch wie Paradeiser, Paprika, Karotten und grünes Blattgemüse, Kohl, Petersilie, Vollkornprodukte und hochwertige Öle (Rapsöl, Olivenöl, ...)

UMRECHNUNGSHILFEN BEI BEDARFSANGABEN

Dezi ...   - ein Zehntel einer Einheit, Abk.: di
Zenti ...   - ein Hundertstel einer Einheit, Abk.: c
Milli ...   - ein Tausendstel einer Einheit, Abk.: m
Mikro ...   - ein Millionstel einer Einheit, Abk.: µ
Nano ...   - ein Milliardstel einer Einheit, Abk.: n
Piko ...   - ein Billionstel einer Einheit, Abk.: p
1 g (Gramm) = 1000 mg
1 mg (Milligramm) = 1000 µg
1 µg (Mikrogramm) = 1000 ng
1 ng (Nanogramm) = 1000 pg
1 l (Liter) = 10 dl = 1000 ml
I.E.: Abk. für „Internationale Einheit"
Vergleichsgröße (Äquivalent) für die Wirkung verwandter Substanzen.

Zn

ZINK - DAS IMMUNMINERAL

Zink unterstützt das menschliche Immunsystem durch gesteigerte Aktivität der natürlichen Killerzellen.

WIEVIEL?

7-10 mg/Tag, das sind ca. 5 g Austern, 50 g Roggenkeimlinge, 80 g Speisekleie, 100 g Kalbsleber

Zuwenig: Geruchs- und Geschmacksstörungen, Appetitlosigkeit, Hautveränderungen, verzögerte Wundheilung, erhöhte Infektanfälligkeit, Haarausfall, Störungen der männlichen Sexualentwicklung, Wachstumsstörungen.

Zuviel: Beklemmungsgefühl, Kopfschmerzen, Fieber, Störungen des Magen/Darmtraktes.

WOFÜR?

Killerzellen werden vom menschlichen Immunsystem gebildet um schädliche Fremdkörper zu eliminieren. Zink unterstützt die Aktivität dieser Killerzellen, wodurch Krankheitserreger schneller ausgeschieden werden und z.B. die Wundheilung rascher vonstatten geht. Zink ist an der Bildung der genetischen Informationsträger (DNA, RNA) beteiligt, sowie für die Insulinspeicherung im Körper mitverantwortlich. Das Spurenelement Zink ist am Umbau von Nahrungseiweiß in Körpereiweiß beteiligt. Es beeinflusst den Stoffwechsel der Kohlenhydrate und die Bildung der Wachstums- und Sexualhormone. Über das Hormon Testosteron wirkt es positiv auf die Entwicklung und Reifung der männlichen Geschlechtsorgane und die Qualität der Spermien. Zink wird für die Aufnahme von Vitamin A aus der Nahrung benötigt und unterstützt die Sinnesfunktionen wie Riechen, Schmecken, Sehen und Hören.

WORIN?

Schalentiere	Fisch	Nüsse	Erdäpfel
Krustentiere	Innereien	Hülsenfrüchte	Kohl
Käse	Getreide	Ei	Sellerie
Fleisch	Samen	Sprossen	Geflügel
Kerne	Keimlinge		

TIPP: Im Gegensatz zu Eisen wird Zink vom Körper nicht gespeichert und muss deshalb kontinuierlich über die Nahrung zugeführt werden. Es kann aus tierischen Produkten besser verwertet werden als aus pflanzlichen Lebensmitteln. Der Zinkgehalt von Lebensmitteln sinkt mit steigendem Fettgehalt: je fetter das Essen, umso weniger Zink ist verfügbar! Fastenkuren, Diäten sowie Verzicht auf Eiweiß können zu einem Mangel führen.

In der Lebensmittelproduktion kann Zink verloren gehen. So reduziert sich der hohe Zink-gehalt bei Getreidekörnern drastisch durch unterschiedliche Ausmahlungsgrade bei der Verarbeitung zu Mehl. Dadurch gehen Mineralstoffe und Vitamine aus Schale und Keimling großteils verloren. Achten Sie deshalb auf die Typennummer bei Mehl. Mehl der Type 480 enthält durchschnittlich 480 mg Vitalstoffe pro 100 g Mehl. Je höher die Mehltypenzahl, desto höher der Ausmahlungsgrad und damit der Vitalstoffgehalt.

Muscheln werden heiß geliebt oder strikt abgelehnt. Sie weisen einen hohen Mineralstoff-gehalt auf und es wird ihnen eine aphrodisische Wirkung nachgesagt.
Dazu ein **Muschelrezept:** Bereiten Sie eine Vinaigrette aus Traubenkernöl, Limonensaft, Balsamessig, Geflügelfond sowie Salz und Pfeffer. Feldsalat, Friséesalat und Portulak damit vermengen. Pro Person 2 bis 3 Jakobsmuscheln in Butter bei sanfter Hitze ca. 1,5 Minuten von beiden Seiten anbraten und mit Salz/Pfeffer aus der Mühle würzen. Noch heiß auf dem Salat anrichten, mit Wachteleiern sowie Kirschparadeisern garnieren und getoastetes Weißbrot dazu reichen. Dazu ein Glas Chardonnay und Aphrodite lässt grüßen!

REZEPT

REIS-GEFLÜGEL-SALAT

Zutaten für 8 - 10 Personen: 2 Tassen Langkorn-Reis, 4 Tassen Geflügelsuppe, 2 - 3 TL Curry, 500 g gebratenes oder gekochtes Geflügelfleisch, 4 Äpfel, 4 Bananen, je 1 grüner/roter/gelber Paprika, 50 g geraspelte Kokosnuss, 1 Bund Petersilie, Zitronensaft. Für die Sauce: 1 EL mittelscharfer Senf, 2 EL Essig, 1 Becher Joghurt, 1 Becher Sauerrahm, 3 mittelgroße Gewürzgurken, Pfeffer, Salz.

ZUBEREITUNG:
Geflügelsuppe mit Curry aufkochen. Reis zufügen und köcheln lassen bis die Suppe fast aufgesogen ist. Topf vom Herd nehmen, Reis quellen und abkühlen lassen. Geflügelfleisch in Stücke schneiden. Äpfel und Paprika in Würfel, Bananen in Scheiben schneiden und beides mit Zitronensaft beträufeln. Petersilie klein schneiden. Alles mit den Kokosnuss-raspeln zum Reis geben. Sauce zufügen und den Salat durchmischen. Mit Pfeffer und Salz abschmecken. Sauce: Senf, Joghurt und Essig verrühren, mit Pfeffer und Salz abschmecken. Anschließend die klein gewürfelten Gewürzgurken einarbeiten.

VITAMINE
VITA = **LEBEN** AMINE = **STICKSTOFFHÄLTIGE VERBINDUNG**

Vitamine sind organische Verbindungen, die der Organismus nicht selbst bilden kann und deshalb in kleinen Mengen mit der Nahrung zugeführt werden müssen. Bei Unterversorgung kommt es zu Störungen im Stoffwechsel und bei völligem Fehlen - abhängig von den Vorräten im Körper - zum Tod. Überversorgungen sind dagegen nur in einzelnen Fällen gefährlich. Bei ausgewogener Ernährung auf Basis des Angebots in Österreich ist eine optimalen Versorgung gewährleistet - speziell bei Ernährung nach den Prinzipien regional, saisonal und biologisch.

FETTLÖSLICHE VITAMINE - NUR MIT FETT VERWERTBAR

| A | D | E | K |

WASSERLÖSLICH - LEICHT AUSLAUGBAR

| C | B1 | B2 | B6 | B12 |

| Niacin | Folsäure |

| Pantothensäure | Biotin |

MINERALSTOFFE
sind anorganische Verbindungen. Sie werden bei Aufbauprozessen und im Stoffwechsel in geringen Mengen gebraucht und führen bei Mangel zu verschiedenen Störungen.

MENGENELEMENTE (> 50 mg/kg KG)	SPURENELEMENTE (< 50 mg/kg KG)
Natrium	Eisen
Chlor	Jod
Kalium	Fluor
Calcium	Kupfer
Phosphor	Kobalt
Magnesium	Molybdän
	Mangan
	Zink
	Chrom
	Selen
	Nickel

IMPRESSUM

Herausgeber: Andreas Koller, www.gesundheitskoller.com
Neuauflage 2016
Fachliche Beratung: Mag. Claudia Poschusta (Ernährungswissenschafterin), Peter Koller (Koch)
Layout: Mag. art. Claudia Hauer, www.blueberry.co.at
Fotos: Mit freundlicher Genehmigung der voestalpine Standortservice GmbH

QUELLENVERWEISE:
„Ernährungsmedizin" (Biesalski)
„Kalorien-Fibel I" (Kiefer)
„Gesund Genießen" (Österr. Gesundheitsministerium)
Deutsche Gesellschaft für Ernährung

NOCH MEHR GESUNDES VON GESUNDHEITS.KOLLER:

> Massgeschneiderte ERNÄHRUNGS-,
> BEWEGUNGS- UND SCHLAFBERATUNG

> Bewegende ERLEBNISVORTRÄGE
> UND GESUNDHEITSSEMINARE

> Innovatives INFOTAINMENT FÜR IHR EVENT
> DURCH DIE „GESUNDHEITS.VÖGL"

www.gesundheitskoller.com

> So werden Sie SCHICHTFIT
> www.schichtfit.com

GENUSS INKLUSIVE!

GESUNDHEITS.KOLLER
GENUSS INKLUSIVE

www.gesundheitskoller.com

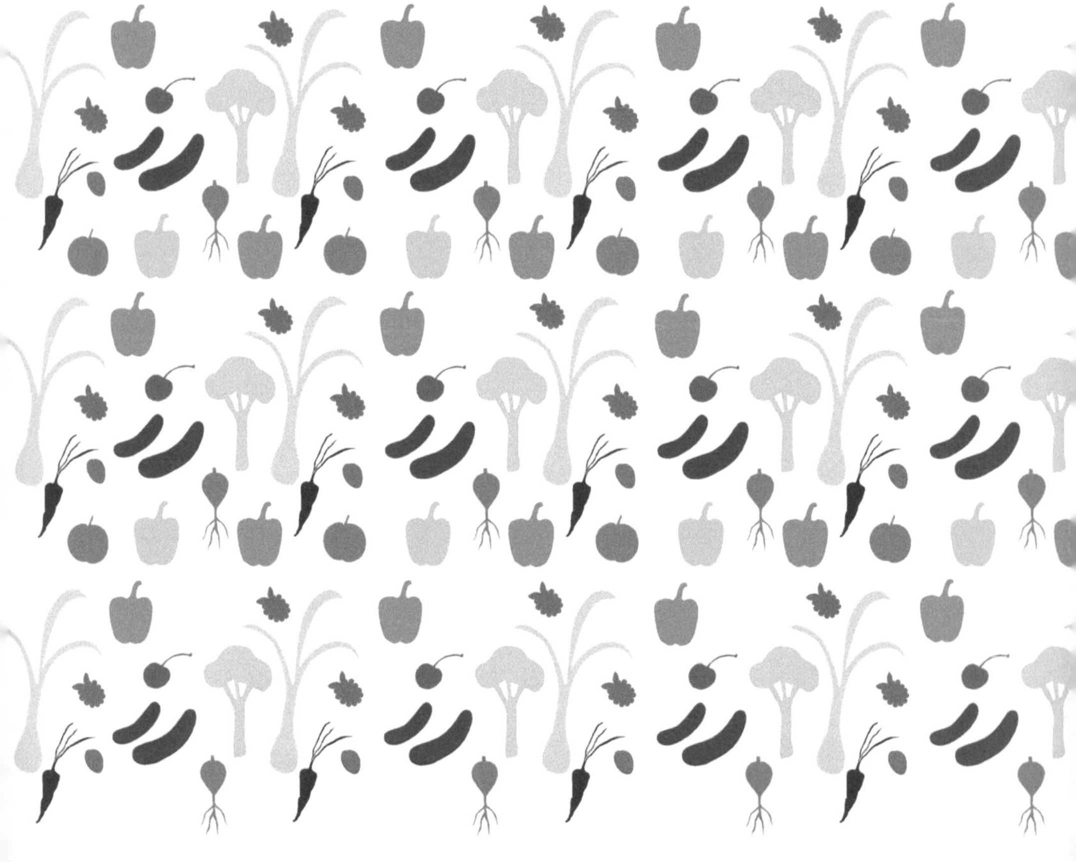

BEI GRIN MACHT SICH IHR
WISSEN BEZAHLT

- Wir veröffentlichen Ihre Hausarbeit,
  Bachelor- und Masterarbeit

- Ihr eigenes eBook und Buch -
  weltweit in allen wichtigen Shops

- Verdienen Sie an jedem Verkauf

Jetzt bei www.GRIN.com hochladen
und kostenlos publizieren